Diccionario escolar enfocado

Estudios Sociales
Grados 4 y 5

DEG

San Antonio, Texas

Staff

Editorial

Ovidio García
Rosalía Chavelas
Contenidos

Alba Sánchez
Directora Editorial

Producción

Luis Díaz
Director de Diseño

Alejandro Flores
Director de Producción

Elida Lara
Formación

Arte

Patricia Bautista
Alejandro Garza
Ilustradores

Eddie Macías
Ilustración de Portada

Printed in the United States of America

ISBN 1-932554-08-4

6 5 4 3 2 1   03 04 05 06 07

Contenido

Querido amigo:

Tu *Diccionario escolar enfocado* para Estudios Sociales grados 4 y 5, es una herramienta útil para consultar las palabras y términos relacionados con la historia, la geografía y los valores cívicos que aprendes en tu materia de Estudios Sociales. También te ofrece una oportunidad de ampliar tu vocabulario y reforzar el conocimiento que adquieres día con día en tu salón de clases.

Los términos de tu *Diccionario escolar enfocado* para Estudios Sociales grados 4 y 5, fueron seleccionados de los programas educativos que llevas en tu escuela. Las definiciones están escritas en un lenguaje sencillo y conciso. Se complementa con ilustraciones y fotos para que cuentes con elementos visuales que te ayuden en la comprensión de los términos definidos.

Tus papás y tus maestros son una guía importante en la exploración de hechos, lugares y personajes que han contribuido para que Estados Unidos sea la poderosa nación que es y en la cual tienes la oportunidad de vivir y educarte. Disfruten y exploren juntos con esta herramienta invaluable que es el *Diccionario escolar enfocado* para Estudios Sociales grados 4 y 5, que Diaz Educational Group pone en sus manos.

Los Editores

Cómo usar este diccionario

El *Diccionario escolar enfocado* para Estudios Sociales grados 4 y 5, es una guía para la comprensión de términos relacionados con la historia, la geografía y los valores cívicos de Estados Unidos de América.

Cada término está definido de manera sencilla. Las definiciones fueron redactadas tomando en cuenta los contenidos de tus libros de texto de Estudios Sociales. En muchas definiciones encontrarás una breve explicación del contexto en que se aplican estos términos.

El *Diccionario escolar enfocado* para Estudios Sociales grados 4 y 5, te ofrece una amplia selección de términos, pero no necesariamente incluye a todos los que puedas encontrar en tus libros de texto.

Este diccionario contiene ilustraciones que te orientan visualmente en la comprensión de las definiciones. También cuenta con recuadros que explican otras acepciones que una palabra puede tener y ejemplos de cómo se usan en ese contexto.

Al final del diccionario hay un índice en inglés, que es una referencia rápida para quienes están aprendiendo el español.

En la página siguiente se indican los elementos que encontrarás en tu *Diccionario escolar enfocado* para Estudios Sociales grados 4 y 5.

La gran aventura apenas empieza. Tu inquietud exploradora y la guía de tus padres y maestros son el segundo ingrediente que necesitas para navegar en el fascinante desarrollo de los acontecimientos y valores que han forjado la historia de este gran país. El primer ingrediente, ya lo tienes en tus manos, ¡úsalo y disfrútalo!

Palabras guía
Muestran la primera y última palabra que aparecen en una página del diccionario.

Recuadros
Cuadros que indican otros significados que tiene una palabra, datos interesantes o frases dichas por un personaje célebre.

Entrada
La palabra seleccionada tal como se escribe en español.

Ejemplo
Oración que muestra cómo se usa la palabra en el contexto en que se define.

Inglés
La palabra que corresponde en inglés a la palabra en español.

Ilustraciones
Coloridas imágenes que representan lo que significa la palabra.

R r   Roosevelt, Theodore

Roosevelt, Theodore (1858–1919)
Presidente número 26 de Estados Unidos, que gobernó de 1901 a 1909. Encabezó a los *Rough Riders* durante la Guerra Hispano-Estadounidense en 1898.

rosa de los vientos / compass rose
Dibujo que indica los puntos cardinales en un mapa.

rotación / rotation
Vuelta completa de oeste a este que hace la Tierra sobre su eje. *ej.* Le lleva un día a la Tierra completar su rotación.

Rough Riders (Jinetes Rudos) / Rough Riders
Grupo de soldados estadounidenses voluntarios que lucharon en la Guerra Hispano-Estadounidense. Lo organizó Theodore Roosevelt.

rural / rural
Lo que es propio o relativo al campo.

ruta / route
Camino para llegar de un lugar a otro.

ruta comercial triangular / triangular trade route
Ruta comercial que formaba un triángulo entre las 13 colonias, las Antillas y África; también se utilizaba para el comercio de esclavos.

Ruta de la Seda / Silk Road
Red de caminos que comunicaba a China con otras tierras. Hizo posible el intercambio comercial y la difusión de ideas, destrezas y costumbres. Se abrió en el siglo II a.C. y quedó sin uso a finales del siglo XIII.

Rotación de la Tierra.

86

Tu *Diccionario escolar enfocado* para Estudios Sociales grados 4 y 5, te ofrece información complementaria sobre los términos y hechos que en él se definen.

Contiene otros significados o acepciones que tiene una palabra. Presentan la explicación del significado diferente y un ejemplo de su uso en ese contexto.

Contiene datos interesantes o curiosos relacionados con el término de que se trate.

Así lo dijo...

Contiene fragmentos de las principales ideas o discursos de personajes que han marcado la historia del país.

abalorios / wampum
Cinturones o collares de conchas pulidas que los indígenas americanos comerciaban o regalaban. Los cinturones de abalorios tenían un alto valor entre los iroqueses.

abolicionista / abolitionist
Persona que busca abolir o terminar con la esclavitud.

accidente geográfico / landform
Se le llama así a cualquiera de las formas de la superficie terrestre, como las montañas, las colinas y las llanuras. También se conoce como *formación terrestre*.

acción / stock
Cada una de las partes en que se divide el dinero de una compañía o empresa.

acueducto / aqueduct
Canal o tubería que se construye para transportar agua.

Acuerdo de 1850 / Compromise of 1850
Ley aprobada por el Congreso mediante la cual se admitió a California como un estado libre y se aceptó la Ley de Esclavos Fugitivos.

Acueducto

Acuerdo de los Tres Quintos / Three-Fifths Compromise
Acuerdo de la Convención Constitucional, que consistía en que sólo tres quintos del total de esclavos en cada estado se tomaría en cuenta para efectos de representación e impuestos.

Acuerdo de Missouri / Missouri Compromise
Ley aprobada en 1820 que dividía el territorio de Luisiana en regiones esclavistas y áreas libres. También se conoce como Compromiso de Missouri.

Adams, Samuel (1722–1803)
Patriota de Boston y organizador de los Hijos de la Libertad.

Addams, Jane (1860–1935)
Trabajadora social estadounidense que fundó Hull House, una casa comunitaria en Chicago, en 1889.

adaptarse / adapt
Cambiar para ser más útil. Acomodarse a las circunstancias.

Samuel Adams

administrador municipal / city manager
Persona que es contratada para dirigir una ciudad; emplea trabajadores y supervisa todas las operaciones del gobierno citadino.

adobe / adobe
Ladrillo de barro o arcilla que se usa para construir muros.

aeroespacial / aerospace
Algo que se relaciona con la construcción y las pruebas del equipo para los viajes aéreos y del espacio.

afluente / tributary
Arroyo o río que corre hacia un río más grande.

agricultura / agriculture
Actividad de cultivar la tierra y criar animales con el fin de obtener alimentos.

agua subterránea / groundwater
Agua que está debajo de la superficie de la Tierra.

Fuente: NASA

Prueba de traje aeroespacial.

alambre de púas / barbed wire
Alambre con puntas afiladas que usan los agricultores para cercar sus terrenos.

Albright, Madeleine (1937–)
Primera mujer que ocupó en 1997 el cargo de Secretaria de Estado de Estados Unidos.

alcalde / mayor
Persona o líder que dirige el gobierno de una ciudad o de una población.

aliado / ally
Amigo que ayuda en una batalla o una guerra. En la Segunda Guerra Mundial, la alianza entre Francia y Gran Bretaña, se conoció como los Aliados, y se opusieron a Alemania e Italia.

alianza / alliance
Pacto por medio del cual las personas o las naciones acuerdan defenderse entre sí.

Gran Bretaña fue uno de los Aliados en la Segunda Guerra Mundial.

almanaque / almanac
Libro que tiene referencias acerca de hechos y cifras útiles. En la época de las 13 colonias, el *Poor Richard Almanac* (Almanaque del pobre Ricardo) de Benjamin Franklin, fue uno de los más populares.

altitud / elevation
Altura de un terreno tomando como punto de referencia el nivel del mar.

aluminio / aluminum
Metal que se usa para fabricar objetos ligeros y fuertes, como latas para envasar y partes de aviones.

ambiente / environment
Es todo lo que nos rodea, como la tierra, el agua, el aire y los árboles. Se conoce también como *medio ambiente*.

Qué + significa

Circunstancias sociales y culturales que rodean a una persona o cosa. *ej.* Había un **ambiente** de alegría.

anexar / annex
Agregar. *ej.* Texas fue anexado a la Unión después de la Guerra con México.

antifederalista / antifederalist
Persona que se oponía a la nueva Constitución de Estados Unidos, la cual reducía el poder de los estados y fortalecía al gobierno federal. Los antifederalistas también argumentaban que la Constitución en realidad no protegía derechos de los ciudadanos como la libertad de expresión, de religión y de tener un juicio justo.

aparcería / sharecropping
Sistema de cultivo en el que los agricultores alquilaban tierras a los terratenientes y les pagaban la renta con una porción de su cosecha. Con el resto de la cosecha pagaban comida, ropa y lo necesario para trabajar la tierra. Por lo general, los agricultores quedaban cautivos en este sistema.

apartheid / apartheid
Segregación racial en Sudáfrica, durante la cual los negros tenían pocos derechos y no podían votar. Terminó en 1994 cuando sudafricanos blancos y negros eligieron a Nelson Mandela como su presidente.

apartamento / apartment
Vivienda que está en un edificio donde hay otras viviendas del mismo tipo.

aprendiz / apprentice
Persona joven que aprende un oficio de una persona con más experiencia.

arancel / tariff
Impuesto que se paga por los productos importados.

árbol de hojas dentadas / needleleaf tree
Árbol de hojas largas y afiladas, parecidas a agujas, que se mantiene verde todo el año.

Aprendiz

árbol caducifolio / broadleaf tree
Árbol de hojas anchas y planas que en otoño cambian de color y después caen al suelo.

área metropolitana / metropolitan area
Ciudad grande, junto con sus suburbios.

área rural / rural area
Región que está lejos de la ciudad y generalmente se dedica a la agricultura y la crianza de animales.

área urbana / urban area
Región en la que hay una ciudad.

árido / arid
Algo que es muy seco. *ej.* El desarrollo de la agricultura no es fácil en zonas áridas.

Armada Española / Spanish Army
Gran flota de barcos de guerra de España, compuesta por 130 barcos y 300,000 soldados y marineros, que perdieron la batalla cuando se enfrentaron a la flota inglesa en 1588.

Armistead, James (1759?–1830)
Afroamericano que fue espía de los patriotas durante la Guerra de Independencia.

Armstrong, Neil (1930–)
Astronauta estadounidense que en 1969 se convirtió en la primera persona que caminó sobre la Luna.

Neil Armstrong

arqueólogo / archaeologist
Científico que estudia los objetos fabricados por pueblos que vivieron mucho tiempo atrás para saber cómo era la vida de esos pueblos.

arrecife / reef
Formación de rocas, arena y coral que está cerca de la superficie del mar en aguas poco profundas.

Arrecife de coral.

arreo de ganado / cattle drives
Método usado a finales del siglo XIX por los vaqueros para trasladar enormes manadas de ganado desde ranchos de Texas hasta las líneas ferroviarias.

arroyo / brook
Hondonada o zanja profunda por donde corre agua.

arrozal / paddy
Campo sembrado de arroz.

artefacto / artifact
Objeto fabricado por algún pueblo que vivió tiempo atrás.

artesano / artisan
Trabajador especializado que hace cosas a mano.

artículo de fondo / feature article
Artículo periodístico que contiene información interesante sobre lugares, personas o sucesos.

artículo de noticias / news article
Artículo periodístico que se refiere a sucesos o hechos recientes.

Artículos de la Confederación / Articles of Confederation
Primer plan de gobierno de Estados Unidos, vigente de 1781 a 1789, que daba más facultades a los estados que al gobierno central.

Asociación Nacional de Trabajadores Agrícolas / National Farm Workers Association
Primer sindicato para trabajadores agrícolas de Estados Unidos, fundado por César Chávez y Dolores Huerta.

Asociación Nacional para el Progreso de la Gente de Color (NAACP) / National Association for the Advancement of Colored People

Asociación creada por W. E. B. Du Bois a principios del siglo XX para poner fin a la discriminación racial hacia los afroamericanos en Estados Unidos.

astrolabio / astrolabe

Instrumento antiguo que ayudaba a los navegantes a usar la posición del sol y las estrellas para encontrar su ruta.

Atahualpa (1502?–1533)

Gobernante de los incas cuando su imperio fue conquistado por los españoles en 1531.

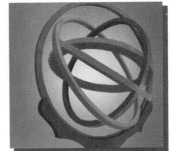

Astrolabio

Austin, Stephen F. (1793–1836)

Pionero que fundó el primer asentamiento de estadounidenses en Texas, en la segunda década del siglo XIX.

Así lo dijo...

Stephen F. Austin
"Puse suficientes cimientos para los que siguen y, en el tiempo apropiado, esta tierra será una de las mejores del mundo."

autogobierno / self-government

Administración de gobierno de un territorio que está en manos de sus habitantes, es decir, tienen un gobierno independiente o con autonomía.

autosuficiente / self-sufficient

Que eres capaz de hacer casi todo lo que necesitas sin la ayuda de otras personas.

azteca / Aztec

Una de las grandes civilizaciones precolombinas que se desarrollaron en México. Según la leyenda, debían fundar su ciudad en donde encontraran un águila devorando una serpiente. La encontraron en el Valle de México, donde fundaron la ciudad de Tenochtitlán.

bahía / bay
Parte de un mar o un lago que entra en la costa.

Balboa, Vasco Núñez de (1475?–1517)
Explorador español que fue el primer europeo en llegar a la costa este del océano Pacífico.

barranca / bluff
Pared empinada de roca o de tierra, algunas veces llamada *farallón*.

Vasco Núñez
de Balboa

barrera / barrier
Algo que bloquea el camino o que dificulta moverse de un lugar a otro.

bastión / bastion
Muro de adobe construido en la esquina de un fuerte.

Batalla de Antietam / Battle of Antietam
Victoria de la Unión sobre las tropas de la Confederación durante la Guerra Civil, que ocurrió cerca de Sharpburg, Maryland, en 1862.

Batalla de Bunker Hill / Battle of Bunker Hill
Costosa victoria británica sobre los patriotas en la Guerra de Independencia, ocurrida en Charlestown, Massachussets, el 17 de junio de 1775.

Batalla de Gettysburg / Battle of Gettysburg
Batalla ocurrida en 1863 cerca de Gettysburg, Pennsylvania, en la que la Unión ganó a las fuerzas de la Confederación en un momento crucial de la Guerra Civil.

Batalla de Little Bighorn / Battle of Little Bighorn
Victoria de los lakotas sobre el ejército de Estados Unidos, ocurrida el 25 de junio de 1876.

Batalla de Nueva Orleáns / Battle of New Orleans

Victoria de Estados Unidos, comandados por Andrew Jackson, sobre el ejército británico en la Guerra de 1812.

Batalla de Saratoga / Battle of Saratoga

Victoria del Ejército Continental sobre las tropas británicas en 1777, en un momento crucial de la Guerra de Independencia.

Ejército continental.

Batalla de Tippecanoe / Battle of Tippecanoe

Batalla ocurrida en 1811, entre Estados Unidos y los shawnees, en la cual ninguno de los bandos ganó.

Batalla de Vicksburg / Battle of Vicksburg

Victoria de la Unión sobre los soldados confederados ocurrida en 1863 en Vicksburg, Mississippi, que dividió a la Confederación.

Bell, Alexander Graham (1847–1922)

Inventor que creó el primer teléfono en 1876.

bienes / goods

Cosas que la gente cultiva o hace para venderlas.

biografía / biography

Es la historia de la vida de una persona.

bloqueo / blockade

Alexander Graham Bell

Es cuando se aísla un área con tropas o barcos para impedir que entren o salgan personas o suministros.

boicot / boycott

Es cuando los consumidores se organizan para no comprar ciertos productos como una manera de protestar contra una empresa o un país que no cumple con las demandas de bienestar de la población.

boleta electoral / ballot
Hoja de papel donde un ciudadano marca un voto secreto en las elecciones.

bolsa de valores / stock market
Reunión organizada donde se compran y venden acciones.

bomba atómica / atomic bomb
Arma poderosa con la fuerza destructiva de 20,000 toneladas de explosivos comunes.

bomba de hidrógeno / hydrogen bomb
Arma nuclear mil veces más poderosa que las bombas atómicas que destruyeron Hiroshima y Nagasaki en la Segunda Guerra Mundial. También se le conoce como *bomba H*.

Bomba atómica

bondad / caring
Forma de ser en la que piensas en las necesidades de los demás.

Boone, Daniel (1734–1820)
Pionero estadounidense que guió a muchos de los primeros colonos hasta las tierras que están al oeste de los montes Apalaches.

brújula / compass
Invento chino que permitió a los antiguos navegantes orientarse en el mar, porque tiene una aguja imantada que siempre señala hacia el norte.

búfalo / buffalo
Animal de gran importancia para los indígenas de las llanuras, pues se alimentaban con su carne, hacían ropa y mantas con su piel, tallaban los cuernos para hacer tazones y el estómago lo acondicionaban como ollas para cocinar.

buscador / search engine

Sitio web que busca información en los diversos sitios de la Internet. También se conoce como *motor de búsqueda*.

Bush, George H. (1924–)

Presidente número 41 de Estados Unidos que gobernó de 1989 a 1993.

Así lo dijo...

George H. Bush

"El fin de la guerra fría es una victoria clara para las fuerzas de la libertad y la democracia."

Bush, George W. (1946–)

Presidente número 43 de Estados Unidos que llegó al poder en 2001. Es hijo del ex presidente George H. Bush.

búsqueda en la Internet / Internet search

Manera de buscar información por medio de una computadora que se conecta a una línea telefónica.

Búsqueda de información sobre ballenas.

YAHOO! es una marca registrada de YAHOO!, Inc.

búsqueda por palabra clave / keyword search

Forma de buscar información en la Internet en la que escribes la palabra principal del tema que te interesa.

cabaña / lodge
Vivienda propia de las áreas rurales, hecha de troncos y tierra.

Cabeza de Vaca, Álvar Núñez(1490?–1557)
Navegante español que exploró en 1528 lo que ahora es Texas.

cabo / cape
Lugar de la costa que sale hacia el océano como si fuera una punta.

cadena de montaje / assembly line
Sistema de fabricación en masa mediante el cual el producto se va armando al pasar por una cadena de trabajadores. También se conoce como *línea de montaje*.

calendario / calendar
Tablas que muestran los días y los meses de un año.

Cadena de montaje automotriz.

calzada / causeway
Camino ancho y empedrado. Entre los aztecas, camino construido para conectar tierra firme con la isla donde construyeron su ciudad capital.

Cámara de los Burgueses / House of Burgesses
Asamblea donde se aprobaron leyes en la Virginia colonial. Todos los miembros eran hombres blancos y propietarios de tierras. Ayudó a establecer el autogobierno en Estados Unidos.

Cámara de Representantes / House of Representatives
Una de las dos secciones del Congreso de Estados Unidos. Es la población quien determina el número de representantes por cada estado. De esta manera, los estados grandes tienen más representantes que los estados pequeños.

Camino de Lágrimas / Trail of Tears
Marcha forzada, en 1838, de 15,000 cheroquíes desde el sureste de Estados Unidos hasta el territorio indígena, en lo que hoy es Oklahoma.

campaña / campaign

Lo que hace un candidato en una elección para ganar votos, por ejemplo, discursos, pláticas con los ciudadanos, anuncios en televisión y carteles.

campo de concentración / concentration camp

Prisión donde los nazis esclavizaron y asesinaron a millones de personas durante la Segunda Guerra Mundial.

canal / canal

Vía fluvial hecha por la gente, como el Canal de Panamá, construido por Estados Unidos en 1914 y que hoy es una vía corta importante para la navegación entre los océanos Pacífico y Atlántico.

candidato / candidate

Persona que está tratando de ganar una elección.

cantera / quarry

Mina al descubierto de donde se extrae algún tipo de piedra útil para hacer construcciones.

cañón / canyon

Paso estrecho y profundo con lados abruptos y escarpados. También se llama "cañón" a un arma poderosa que se usa en la guerra.

capital / capital

Ciudad donde viven y trabajan los gobernantes de un estado o país.

capital del estado / state capital

Ciudad donde trabajan los líderes de un estado.

capitolio / Capitol

Edificio donde trabajan los legisladores de un estado o de un país.

Qué + significa

- Que es lo más importante. *ej.* Éste es un asunto de **capital** importancia.
- Conjunto de riquezas o dinero. *ej.* Necesito un **capital** para empezar mi negocio.

característica física / physical feature
Característica de la Tierra, como una formación terrestre, una masa de agua o un recurso, hecha por la naturaleza.

característica hecha por los seres humanos / human feature
Característica hecha por las personas, como un edificio o una carretera.

caravana / caravan
Grupo de mercaderes que viajan juntos, sobre todo en el desierto.

caravana de carretas / wagon train
Forma de viajar usada para ir al Oeste, en el que las carretas iban en grupos para tener mayor seguridad.

Caravana de carretas.

caricatura política / political cartoon
Dibujo que se publica en el periódico e ilustra sucesos con personajes de actualidad, de una manera crítica y graciosa a la vez.

carrera de armamentos / arms race
Competencia entre países para fabricar armas cada vez más potentes.

carrera espacial / space race
Competencia entre Estados Unidos y la Unión Soviética para ser los primeros en explorar el espacio exterior durante la Guerra Fría.

carretera interestatal / interstate highway
Autopista con varios carriles que une ciudades importantes y cruza más de un estado.

carretera nacional / National Road
Autopista que comunica a los estados del Este con los del Oeste de Estados Unidos.

Carta Magna / Magna Carta
Documento que limitaba el poder del rey de Gran Bretaña y establecía que debía obedecer la ley.

Carter, Jimmy (1924–)
Presidente número 39 de Estados Unidos, que gobernó de 1977 a 1981.

Carver, George Washington (1861–1943)
Científico que descubrió muchos usos nuevos para el cacahuate, el camote y otros cultivos.

Casa Blanca / White House
Residencia ubicada en Washington, D.C., donde vive el presidente de Estados Unidos y su familia durante su mandato. John Adams fue el primer presidente que habitó en la Casa Blanca en el año 1800, cuando todavía no estaba terminada su construcción.

La Casa Blanca

casa comunitaria / settlement house
Centro que brinda ayuda a inmigrantes o a personas que tienen poco dinero.

casa de vecindad / tenement
Edificio dividido en apartamentos pequeños.

cascada / waterfall
Corriente de agua que cae desde cierta altura.

Catt, Carrie Chapman (1859–1947)
Líder clave del movimiento a favor del sufragio para la mujer, que contribuyó a que se aprobara la Decimonovena Enmienda.

causa / cause
Es una acción que hace que algo ocurra.

cazadores-recolectores / hunters and gatherers
Personas que se alimentan cazando animales y recolectando plantas, en lugar de cultivarlas o de criar ganado.

cédula / charter

Documento oficial que permite a una persona o a un grupo de personas hacer algo, por ejemplo, fundar una población. En 1606, un grupo de comerciantes pidieron al rey James I una cédula para fundar una colonia en lo que hoy es Virginia.

celebrar / celebrate

Realizar un acto solemne o una fiesta para recordar un hecho importante para las familias o la comunidad, como una boda o un fallecimiento.

censo / census

Lista de la población de una localidad, un estado o un país.

centro de comercio / trade center

Lugar donde la actividad más importante es la compra y la venta de mercancías.

Centro de Comercio

ceremonia / ceremony

Acto solemne, serio o formal que se lleva a cabo para celebrar un suceso especial de acuerdo con ciertas reglas.

chamán / shaman

Indígena que hace curaciones y es un líder espiritual.

Chávez, César (1927–1993)

Líder de la lucha para mejorar la vida de los trabajadores agrícolas migratorios.

Cíbola / Cibola

Reino formado por siete ciudades que, según la leyenda, estaban construidas con oro puro. En la época de la conquista española, Francisco Vásquez de Coronado encabezó una expedición en busca del reino de Cíbola, pero nunca lo encontró porque no existía.

ciénaga / marsh
Terreno bajo casi siempre cubierto de agua donde crecen espadañas, hierbas altas y plantas semejantes.

Círculo Ártico / Arctic Circle
Región cercana al Polo Norte, en la línea de latitud de $6/6\frac{1}{2}°$ N

Círculo Antártico / Antarctic Circle
Región cercana al Polo Sur, en la línea de latitud de $66\frac{1}{2}°$ S.

ciudad / city
Comunidad muy grande en la que viven y trabajan muchas personas.

ciudadano / citizen
Se considera así a cualquier persona que tiene derechos y deberes como miembro de un país.

civilización / civilization
Se le llama así a una cultura organizada con sus propios sistemas de gobierno, religión y enseñanza.

Civilización maya.

clan / clan
Grupo de familias que descienden de un antepasado común y reconocen la autoridad de un jefe. *ej.* El clan era la organización social de los iroqueses, en el que las mujeres tenían gran poder.

Clark, William (1770–1838)
Dirigió junto con Meriwether Lewis la expedición de Lewis y Clark.

clasificar / classify
Poner en grupos u ordenar por clases.

clave / key
Indicador de cada uno de los símbolos en un mapa.

Clave también es:
- Conjunto de signos que sirven para que funcione algo.
- Sistema de signos para enviar un mensaje secreto.

clave del mapa / map key
Parte de un mapa que explica lo que significan los símbolos empleados en él.

Clinton, Bill (1946–)
Presidente número 42 de Estados Unidos, que gobernó de 1993 a 2001.

código Morse / Morse code
Conjunto de señales que se hace con una serie de puntos y rayas para transmitir mensajes por telégrafo.

códigos de esclavos / slave codes
Leyes emitidas en el siglo XIX para controlar el comportamiento de los esclavos.

códigos negros / Black Codes
Leyes aprobadas por los estados del sur después de la Guerra Civil que negaban muchos derechos civiles a los afroamericanos.

colegio electoral / electoral college
Grupo de personas elegidas por los habitantes de cada estado, que votan por el presidente.

colina / hill
Formación terrestre que se eleva sobre el terreno que la rodea y es menos alta que una montaña.

Colón, Cristóbal (1451?–1506)
Explorador nacido en Italia que fue el primer europeo en navegar hasta las Américas en 1492. Estableció un contacto duradero entre Europa y las Américas, aunque en su época todavía no eran conocidas por ese nombre.

Cristóbal Colón

colonia / colony
Asentamiento que fundan personas cuando dejan su país natal para vivir en otra tierra.

colono / colonist
Persona que vive en una colonia.

combustible / fuel
Recurso natural, como el carbón, la leña o la madera, que se usa para obtener calor o energía.

combustible fósil / fossil fuel
Combustible, como el carbón, el petróleo y el gas natural, que se forma de los restos de plantas y animales que vivieron hace millones de años.

comercialización / marketing
Planear cómo se va a vender un producto.

comercio / trade
Comprar y vender bienes.

comercio de esclavos / slave trade
Compra y venta de seres humanos.

comercio internacional / international trade
Compra y venta de bienes entre personas de diferentes países.

Comités de Correspondencia / Committee of Correspondence
Grupos de colonos formados en la década de 1770 con el fin de divulgar con rapidez las noticias sobre las protestas contra Gran Bretaña.

competencia / competition
En los negocios, lucha entre las compañías para conseguir el mayor número de clientes o para vender más productos.

Competencia en el terreno de las computadoras.

Compra de Gadsden / Gadsden Purchase
Operación realizada en 1853 mediante la cual Estados Unidos pagó a México 10 millones de dólares por el territorio que hoy ocupa el sur de Arizona y el suroeste de Nuevo México. También se conoce como el Tratado de la Mesilla. Con esta compra, Estados Unidos se expandió desde el océano Atlántico hasta el océano Pacífico.

Compra de Luisiana / Louisiana Purchase
Operación mediante la cual Estados Unidos compró territorios a Francia en 1803, y que abarcaron desde el río Mississippi hasta las montañas Rocosas, y desde el golfo de México hasta Canadá.

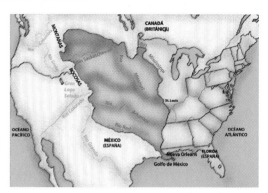

Compra de Luisiana.

comunicación / communication
Forma en la que las personas mandan y reciben información.

comunidad / community
Cualquier grupo de personas, incluido el lugar donde viven.

comunidad rural / rural community
Comunidad ubicada en el campo.

comunidad suburbana / suburban community
Comunidad constituida por todos los suburbios alrededor de una gran ciudad.

comunidad urbana / urban community
Comunidad que se encuentra en una ciudad.

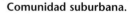

Comunidad suburbana.

comunismo / communism
Sistema político y económico en el cual el gobierno es propietario de todas las empresas y de la tierra.

concejo / council
Grupo de personas que hacen las leyes y las reglas, y se reúnen para resolver los problemas de una comunidad.

concertación / compromise
En un conflicto, es el arreglo de las partes en pugna cuando renuncian a lo que querían con el fin de llegar a un acuerdo.

concesión / trade off
Renunciar a algunas cosas para poder comprar o hacer algo.

conclusión / conclusion
Decisión, opinión o idea a la que se llega después de estudiar o analizar con cuidado una serie de datos.

condado / county
Parte de un estado, por lo general más grande que una ciudad, con un gobierno propio.

Confederación / Confederacy
Nombre con el que se conocía a los Estados Confederados de América, los 11 estados del Sur que se separaron de la Unión después de que Abraham Lincoln fue elegido presidente.

conflicto / conflict
Desacuerdo entre dos o más personas o grupos.

Congreso / Congress
Rama legislativa del gobierno federal.

conquista / conquest
Captura o toma de algo por la fuerza.

conquistador / conquistador
Persona que viajó a las Américas en el siglo XVI con el fin de dominar nuevas tierras.

conscripción / draft
Ley que exige a los hombres de cierta edad servir en el ejército si se les llama.

consecuencia / consequence
Lo que ocurre después de ejecutar una acción o a causa de ciertas condiciones.

consentimiento / consent
Permiso para hacer o decir algo.

conservación / conservation
Protección y uso cuidadoso de los recursos naturales.

conservar / preserve
Cuidar y proteger algo para que se mantenga en buenas condiciones durante mucho tiempo.

constitución / constitution
Plan que rige el gobierno de una nación. Es un escrito donde se establece el poder del gobierno y se definen las leyes más importantes que regulan las relaciones entre los gobernantes y los ciudadanos.

Constitución de Estados Unidos / United States Constitution
Plan del gobierno federal que describe los derechos que las personas tienen en Estados Unidos y que es "la ley suprema de la nación". Se adoptó en 1789 y ha tenido varios cambios o enmiendas.

consumidor / consumer
Persona que compra o utiliza bienes o servicios.

contaminación / pollution
Cualquier cosa que ensucia un recurso natural, como el aire, el suelo o el agua, o cuyo efecto no es seguro para el ambiente.

continente / continent
Cada una de las siete áreas principales de la Tierra.

Consumidor

control de armamentos / arms control
Pacto o acuerdo para limitar la producción de armas.

controles y equilibrios / checks and balances
Sistema establecido por la Constitución por medio del cual cada poder del gobierno puede revisar o limitar las atribuciones de los demás poderes.

Armamento

Convención Constitucional / Constitutional Convention
Reunión de delegados que se llevó a cabo en Filadelfia, Pennsylvania, en 1787, donde se reemplazaron los Artículos de Confederación por la Constitución.

Convención de Seneca Falls / Seneca Falls Convention
Primera convención nacional por los derechos de la mujer, organizada en 1848 por Lucretia Mott y Elizabeth Cady Stanton.

convertir / convert
Cambiar algo o a alguien para hacerlo diferente.

cooperación / cooperation
Colaboración que debe haber entre las personas de una comunidad para que vivan en forma segura y tranquila.

coral / coral
Material que se forma con los esqueletos de animales marinos diminutos.

cordillera / mountain range
Grupo de montañas unidas, como la cordillera costera que se extiende por la costa este de Estados Unidos.

Coronado, Francisco Vásquez de (1510–1554)
Explorador español que condujo una expedición en busca de oro, desde la ciudad de México hasta lo que hoy es el suroeste de Estados Unidos.

corporación / corporation
Empresa propiedad de sus inversionistas.

corriente / downstream
Flujo de agua que se dirige hacia la desembocadura de un río.

corte municipal / municipal court
Corte que se encuentra en algunas ciudades y que decide los casos de las personas acusadas de no respetar la ley de una ciudad o un municipio.

Corte Suprema / Supreme Court
Máxima corte de Estados Unidos, que encabeza al poder judicial y que se encarga de vigilar que las leyes se cumplan de acuerdo con la Constitución.

Cortés, Hernán (1485–1547)
Español que conquistó el imperio azteca.

Cortina de Hierro / Iron Curtain
Frontera imaginaria que dividió el continente europeo en países comunistas y no comunistas, después de la Segunda Guerra Mundial.

cosecha / crop
Lo que produce una planta después de cultivarla y que se usa como alimento o para satisfacer otras necesidades.

Hernán Cortés

costa / coast
Tierra que está a la orilla de una gran extensión de agua como un mar o un océano.

costo de oportunidad / opportunity cost
Valor que una persona le da a una cosa y que de algún modo debe pagar para conseguirla.

costumbre / custom
Manera en la que siempre se hacen las cosas.

crecimiento urbano / urban growth
Forma en la que crecen y se desarrollan las ciudades.

crisis de los misiles en Cuba / Cuban Missile Crisis
Conflicto entre Estados Unidos y la Unión Soviética en relación con misiles nucleares instalados en Cuba.

Crockett, David (1786–1836)
Guía de los pioneros y congresista por Tennessee que murió en defensa de El Álamo.

cuáqueros / quakers
Personas que creen que la gente puede rendir culto a Dios sin asistir a la iglesia ni obedecer a los líderes religiosos. Uno de los cuáqueros famosos fue William Penn.

William Penn

Cuatro de Julio / Fourth of July
Día en que se celebra el nacimiento de la nación estadounidense. Ese día, en 1776, los representantes de las colonias aprobaron la Declaración de Independencia, donde se establecía que las 13 colonias se separaban de Gran Bretaña.

cuenca / basin
Terreno bajo, con forma de tazón, rodeado de tierras altas.

cuenca de drenaje / drainage basin
Se le llama así a la zona de terrenos que un río riega o irriga.

cuento folklórico / folk tale
Relato tradicional propio de una cultura, que forma parte de su tradición oral.

cuento popular / tall tale
Historia fantástica o increíble que muchas veces nos enseña una lección.

Cuerpo Civil de Conservación (CCC) / Civilian Conservation Corps
Uno de los programas del Nuevo Trato (New Deal) del gobierno de Roosevelt. Su objetivo era crear campamentos de trabajo para más de 2 millones de jóvenes desempleados, donde se les daba comida, casa y un salario. Los jóvenes realizaban trabajos de conservación de bosques y de otros recursos naturales.

cultivo comercial / cash crop
Cultivo que se cosecha principalmente para venderse y obtener ganancias.

cultura / culture
Forma de vivir y de relacionarse propio de un grupo de personas.

Cupertino, valle / Cupertino Valley
Ciudad de California que debe su importancia y crecimiento a las compañías de software de computadoras que establecieron sus negocios en ese lugar.

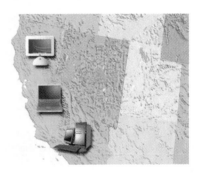

Custer, George (1839–1876)
Líder militar estadounidense que fue derrotado por los lakotas en la Batalla de Little Bighorn en 1876.

George Custer

26

Da Gama, Vasco (1469?–1524)
Explorador portugués que navegó hasta la India en 1497.

daguerrotipo / daguerreotype
Primeras fotografías que se revelaban en una pieza de metal con una superficie de plata. Fueron inventadas por el francés Luis Daguerre en 1831.

Hacer la tarea es un deber.

deber / responsibility
Algo que tienes que hacer, una obligación.

década / decade
Periodo que dura 10 años.

Decimocuarta Enmienda / Fourteenth Amendment
Enmienda a la Constitución, ratificada en 1868, que dice que ningún estado puede negarle a un ciudadano la protección de la ley.

Decimonovena Enmienda / Nineteenth Amendment
Enmienda a la Constitución, ratificada en 1920, que otorga a las mujeres el derecho de votar.

Decimoquinta Enmienda / Fifteenth Amendment
Enmienda a la Constitución, ratificada en 1870, que le daba a los ciudadanos varones de todas las razas el derecho de votar.

Decimotercera Enmienda / Thirteenth Amendment
Enmienda a la Constitución, hecha en 1865, que abolió la esclavitud en Estados Unidos.

decisión económica / economic choice
Movimiento en el cual decides comprar una cosa en vez de otra.

Declaración de Derechos / Bill of Rights
Conjunto de las primeras diez enmiendas a la Constitución, que fueron ratificadas en 1791.

Declaración de Independencia / Declaration of Independence

Documento que declaró a las 13 colonias independientes de Gran Bretaña, redactado en su mayor parte por Thomas Jefferson y aprobado el 4 de julio de 1776 por el Segundo Congreso Continental.

Decreto del Noroeste de 1787 / Northwest Ordinance of 1787

Orden federal que dividió el área del noroeste en territorios más pequeños y establecía un plan para que se convirtieran en estados.

Deere, John (1804–1886)

Herrero que inventó el arado de acero.

Deganawidah (siglo XVI)

Jefe iroqués que intervino para que las tribus iroquesas vivieran en paz.

delegado / delegate

Persona que es elegida para representar a otros.

delta / delta

Terreno con forma de triángulo a la altura de la desembocadura de un río.

Fuente: NASA

Delta del río Nilo.

demanda / demand

Cantidad de un producto o servicio que la gente está dispuesta a comprar.

democracia / democracy

Sistema en el cual las personas son libres para elegir su forma de vida y para tomar decisiones acerca del gobierno.

¿Sabías que..?

En la antigua Grecia, en la ciudad de Atenas, los ciudadanos se reunían para hacer las leyes y para discutir qué era justo y qué era injusto.

democracia directa / direct democracy
Gobierno que es elegido por los ciudadanos que viven bajo él.

democracia representativa / representative democracy
Sistema de gobierno en el que los ciudadanos eligen a sus representantes o líderes, quienes a su vez decidirán sobre las leyes para regir a todas las personas.

densidad de población / population density

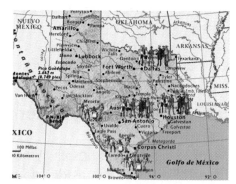

Número de habitantes que viven en una determinada área, como en una milla cuadrada o en un kilómetro cuadrado. Se conoce también como *densidad demográfica*.

derecho / right
Libertad que tiene una persona de hacer lo que desee sin dañar a otros.

derechos civiles / civil rights
Derechos que garantiza la Constitución a todos los ciudadanos.

derechos de la minoría / minority rights
Conjunto de leyes y reglas que conservan un grupo pequeño de personas que no fueron partidarias del gobierno electo.

derechos de los estados / states rights
Idea de que los estados tienen derecho a decidir sobre los asuntos que los afectan.

derogar / repeal
Cancelar. *ej.* Algunas leyes son derogadas con el paso del tiempo.

desastre / disaster
Algo que causa gran daño a una comunidad, como un incendio o un accidente de aviación.

desembocadura / mouth

Lugar donde un río vierte su corriente a una masa de agua mayor, como un lago o un mar.

desempleo / unemployment

Es cuando en un país o estado hay trabajadores sin empleo.

desierto / desert

Terreno muy caluroso y muy seco donde hay pocos animales y pocas plantas.

desmotadora de algodón / cotton gin

Búsqueda de empleo.

Máquina inventada por Eli Whitney que separaba las semillas de las fibras del algodón.

destino manifiesto / manifest destiny

Creencia de que Estados Unidos debía extenderse en dirección oeste, hasta el océano Pacífico.

deudor / debtor

Persona que debe dinero.

día festivo / holiday

Día en el que se recuerda a una persona especial o un suceso importante para una comunidad.

diagrama / diagram

Dibujo que muestra las partes de que está compuesto algo.

diagrama de flujo / flow chart

Tipo de dibujo que muestra los pasos que debes seguir para hacer algo.

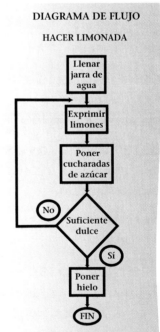

diagrama recortado / cutaway diagram
Dibujo que muestra, al mismo tiempo, el exterior y el interior de un objeto.

diagrama transversal / cross section diagram
Dibujo que muestra cómo se vería algo si se rebanara.

diccionario / dictionary
Serie de palabras, ordenadas alfabéticamente, con su significado.

dictador / dictator
Líder con poder absoluto sobre el país que gobierna.

diferente / different
Que no son iguales en carácter o en calidad.

dinero / money
Conjunto de billetes y monedas que las personas usan para comprar bienes y servicios.

El dictador cubano Fidel Castro.

dirección (en un mapa) / direction
Orientación o camino que sigue algo. En un mapa son los cuatro puntos cardinales: norte, sur, este y oeste.

dirección (en un lugar) / address
Nombre de la calle donde se encuentra una casa o edificio.

dirección intermedia / intermediate direction
Dirección que está entre los puntos cardinales: noreste, noroeste, sureste, suroeste.

discriminación / discrimination
Trato injusto que se le da a un grupo étnico o a un individuo.

Discurso de Gettysburg / Gettysburg Address
Famoso discurso que el presidente Lincoln pronunció en 1863, durante la Guerra Civil, en el lugar donde ocurrió la Batalla de Gettysburg. Este discurso animó el espíritu de lucha en la Unión, pues resaltaba que valía la pena seguir luchando por una nación unida y por acabar con la esclavitud.

distrito central de negocios / central business district

Zona en el centro de una ciudad, que por lo general es la parte más antigua, donde se desarrollan importantes actividades económicas y comerciales.

divisoria continental / Continental Divide

Línea imaginaria que corre de sur a norte por los puntos más altos de las montañas Rocosas. Los ríos corren hacia el este y el oeste de esta línea.

Distrito central de negocios en Hong-Kong.

Doctrina Monroe / Monroe Doctrine

Política declarada por el presidente James Monroe, en la que pedía a las naciones europeas no intervenir en el hemisferio occidental.

Douglas, Marjory Stoneman (1890–1998)

Escritora que dedicó muchos años de su vida a proteger los Everglades.

Douglass, Frederick (1817–1895)

Antiguo esclavo que se convirtió en escritor, editor y líder abolicionista.

dragar / dredge

Cavar el fondo y los lados de una corriente de agua para hacerla más ancha y más profunda.

Drake, Francis (1540?–1596)

Primer capitán inglés que dio la vuelta al mundo en barco en 1577.

duna de arena / sand dune

Colina que forma la arena amontonada después de ser arrastrada por el viento.

Francis Drake

Dust Bowl (Cuenca del Polvo) / Dust Bowl

Área de Estados Unidos donde una severa sequía destruyó muchas granjas de las Grandes Llanuras en la década de 1930.

Earhart, Amelia (1897–1937)
Primera mujer en volar sola sobre el océano Atlántico en 1932. Después, en 1937, intentó hacer el primer vuelo alrededor del mundo pero su aeroplano desapareció y Amelia nunca fue encontrada.

economía / economy
Forma en la que las personas de una región, estado o país usan sus recursos para hacer frente a sus necesidades.

economía de agricultura / agricultural economy
Economía en la que los productores enfrentan sus necesidades mediante la agricultura.

economía industrial / industrial economy
Economía en la que se produce la mayoría de bienes con fábricas y maquinaria.

ecosistema / ecosystem
Relación entre los seres vivos y las cosas sin vida de un ambiente.

Edison, Thomas (1847–1931)
Famoso inventor estadounidense, con más de 1,000 inventos patentados, entre ellos la bombilla eléctrica y el fonógrafo.

efecto / effect
Lo que ocurre como resultado de una acción.

Eisenhower, Dwight D. (1890–1969)

Presidente número 34 de Estados Unidos, que gobernó de 1953 a 1961. Fue comandante de las fuerzas de los Aliados en Europa durante la Segunda Guerra Mundial.

Así lo dijo...

Dwight D. Eisenhower
"Debemos tener la voluntad, como individuos y como nación, de aceptar cualquier sacrificio que se nos exija. Un individuo que antepone sus privilegios a sus principios pierde ambos a corto plazo."

eje / axis

Línea imaginaria que atraviesa a la Tierra por la parte central, y cuyos extremos son el polo norte y el polo sur, en la latitud cero grados (0°).

Ejército Continental / Continental Army

Ejército formado en 1775 por el Segundo Congreso Continental y dirigido por el general George Washington.

El Álamo / The Alamo

Misión española convertida en fuerte, que el 6 de marzo de 1836 fue atacada por los mexicanos al mando de Antonio López de Santa Anna. Esta pequeña población de tan sólo 184 hombres, además de mujeres y niños, se enfentó cuerpo a cuerpo al ejército mexicano que era más numeroso. La mayoría de los que defendieron El Álamo murieron en esa batalla. Esta construcción todavía sigue en pie en el centro de San Antonio, Texas, y fue declarada monumento nacional en 1905.

El Camino Real / El Camino Real

Ruta que unía a las colonias españolas de la región suroeste con la ciudad de México.

elección / election

Proceso por el que los ciudadanos deciden mediante el voto quiénes serán sus líderes.

elección general / general election

Elección en la que los votantes escogen a sus representantes para que los gobiernen.

Elizabeth I (1533–1603)

Reina de Inglaterra cuando los ingleses derrotaron a la Armada Española y cuando se fundó Roanoke, la primera colonia inglesa en América.

emperador / emperor

Gobernante de un imperio.

empresario / entrepreneur

Persona que inicia un nuevo negocio, con la esperanza de obtener ganancias.

en peligro de extinción / endangered

Así se dice de las plantas y animales que pueden desaparecer para siempre, porque ya sólo viven muy pocos ejemplares de ellos.

enciclopedia / encyclopedia

Libro o conjunto de libros con artículos sobre temas diversos ordenados alfabéticamente.

Pequeño empresario.

encomienda / encomienda

Concesión que otorgaba el rey de España a los pobladores ricos de Nueva España, y que les daba el control sobre todos los indígenas que vivían en una extensión de tierra.

enmienda / amendment

Cambio o incorporación que se le hace a la Constitución.

ensenada / inlet

Franja estrecha de agua que entra a la tierra.

Era del Optimismo / Era of Good Feelings

Nombre con el que se conoció el periodo posterior a la Guerra de 1812, que se caracterizó por el optimismo y el crecimiento geográfico y económico del país.

Ensenada

erosión / erosion
Desgaste de la superficie terrestre.

escala de distancia / scales distance
En un mapa, es la representación de una medida para conocer la distancia real entre dos lugares.

escala del mapa / map scale
Parte de un mapa donde se compara la distancia que existe en él con la del mundo real.

escándalo Watergate / Watergate scandal
Escándalo que obligó al presidente Richard Nixon a renunciar a su cargo en 1974.

escasez / scarcity
Falta de la cantidad suficiente de algo para satisfacer necesidades o gustos.

esclavitud / slavery
Práctica de considerar a una persona como propiedad y obligarla a trabajar, retenerla por la fuerza y privarla de su libertad.

esclavo / slave
Persona sin libertad, que está controlada por alguien más para quien está obligada a trabajar.

esclusa / lock
Parte de un canal donde el nivel del agua se puede bajar o subir para hacer que un barco pase a la siguiente sección de dicho canal, la que está más arriba o más abajo respecto de la otra sección.

Esclusa

escurrimiento / runoff
Agua superficial que corre por el suelo.

especializarse / specialize
Dedicarse sólo a una actividad o trabajo o hacer sólo una clase de trabajo o producto.

estación / station
Cada una de las épocas en que se divide el año. También es un sitio de transporte público en el que el tren o los autobuses se detienen para que suban o bajen las personas.

estado / state
Cada uno de los territorios con gobierno propio, pero que pertenecen a un país.

Especialista en electrónica.

estado esclavista / slave state
Estado en el que era legal practicar la esclavitud.

estado fronterizo / border state
Estado que se encontraba entre la Unión y la Confederación durante la Guerra Civil y que permaneció como parte de la Unión, aunque permitía la esclavitud.

estado libre / free state
Estado que no permitía la esclavitud.

estancia / estancia
Rancho o granja grande.

Estatua de la Libertad / Statue of Liberty
Estatua gigantesca en el puerto de la ciudad de Nueva York que ha sido símbolo de esperanza y libertad para millones de inmigrantes que han llegado a Estados Unidos de diferentes partes del mundo. La "Señora Libertad" fue declarada patrimonio de la humanidad en 1984.

estrecho / strait

Canal estrecho que conecta dos grandes masas de agua. *ej.* El estrecho de Bering une a Asia con América del Norte.

evaluar / evaluate

Juzgar o hacer una prueba de algo.

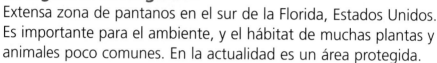

Estrecho de Bering.

Everglades /Everglades

Extensa zona de pantanos en el sur de la Florida, Estados Unidos. Es importante para el ambiente, y el hábitat de muchas plantas y animales poco comunes. En la actualidad es un área protegida.

excedente / surplus

Es lo que sobra de una cantidad de cosas que son necesarias.

exodusters / exodusters

Se les llamaba así a los pioneros afroamericanos que viajaron a las Grandes Llanuras después de la Guerra Civil.

expansión urbana / urban sprawl

Desarrollo de las áreas urbanas y crecimiento de nuevos centros comerciales y de negocios.

expedición / expedition

Viaje que se hace con un propósito especial.

explorador / explorer

Persona que se dedica a estudiar terrenos poco conocidos o que nunca han sido visitados por nadie más.

exportación / export

Se refiere a los productos que un país le vende a otro.

Barco con productos de exportación.

fábrica / factory
Lugar donde se hace con maquinaria propia el mismo tipo de bienes o productos, y donde cada trabajador tiene una tarea específica que hacer.

fabricar / manufacture
Hacer muchas cosas o productos iguales con máquinas, a partir de materias primas.

factores de producción / factors of production
Recursos naturales, humanos y de capital que una compañía requiere para producir bienes y servicios.

familia / family
Grupo formado por padres e hijos, quienes se quieren y se preocupan unos por otros.

federal / federal
Se refiere a lo que abarca todo el país.

Federalist, The / El Federalista
Serie de ensayos escritos entre 1787 y 1788 por James Madison, Alexander Hamilton y John Jay, en los que pedían el apoyo para crear una nueva constitución.

federalista / federalist
Partidario de un gobierno nacional fuerte y de adoptar la Constitución.

ferrocarril transcontinental / Transcontinental Railroad
Ferrocarril que une la costa este con la costa oeste de Estados Unidos. La construcción del primer ferrocarril transcontinental del país se terminó en 1869.

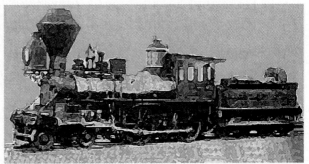

Primer locomotora del ferrocarril transcontinental.

fértil / fertile

Que es bueno para sembrar cultivos, porque es un terreno rico en nutrientes.

fertilizante / fertilizer

Sustancia que se agrega al suelo para ayudar al crecimiento de los cultivos.

Fiebre del Oro / Gold Rush

Movimiento repentino de muchas personas a un área donde se ha encontrado oro.

fiordo / fjord

Entrada angosta del océano entre acantilados.

flota / fleet

Conjunto de barcos o de otro tipo de vehículos que pertenecen a un país, estado o empresa.

Fiordo

Ford, Gerald (1913–)

Presidente número 38 de Estados Unidos, que gobernó de 1974 a 1977. Asumió el cargo, luego de que Richard Nixon renunciara a la presidencia del país.

Ford, Henry (1863–1947)

Fabricante de automóviles que utilizó la cadena de montaje para producir autos con mayor facilidad y rapidez.

fortaleza / fortification

Construcción parecida a un castillo, que servía para protegerse de ataques.

forty-niner / forty-niner

Nombre que se le dio a cualquier persona que llegó a California en busca de oro durante el año 1849.

foso / moat
Zanja ancha y profunda que rodea un fuerte o un castillo.

Franja del Sol / Sun Belt
Amplia área de Estados Unidos que tiene clima templado todo el año.

Franklin, Benjamin (1706–1790)
Escritor, científico, inventor y diplomático. Ayudó a escribir la Declaración de Independencia y la Constitución.

frontera / frontier
Límite o fin de un lugar.

fuente primaria / primary source
Información que proporciona las palabras y los puntos de vista reales y directos de las personas que han sido testigos de un suceso.

fuente secundaria / secondary source
Información escrita tiempo después de que ocurre un acontecimiento por alguien que no los vivió.

fuerza hidráulica / waterpower
Energía producida por la fuerza del agua.

fundadores / founders
Personas que crean una ciudad, un pueblo, una empresa o una organización.

Foso

Benjamin Franklin
"Acepto… esta Constitución porque no espero nada mejor y porque no estoy seguro de que no sea la mejor."

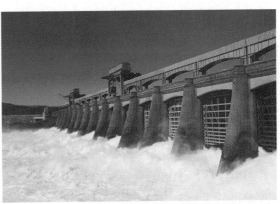

Fuerza hidráulica producida en la presa Bonneville, Oregon.

gabinete / cabinet
Grupo de funcionarios designados por el presidente como consejeros y jefes de los departamentos del poder ejecutivo.

ganado / livestock
Grupo de animales que se crían juntos en una granja.

ganancia / profit
Dinero que le queda a un negocio después de que ha pagado todos sus gastos y costos.

Gandhi, Mohandas (1869–1948)
Abogado y líder religioso de la India. Luchó contra la discriminación racial y elaboró una doctrina de acción social basada en el principio de la no-violencia. Se le conoce como Mahatma, que significa "alma grande".

Mohandas Gandhi

Garrison, William Lloyd (1805–1879)
Escritor reformista que fundó *The Liberator*, diario que se oponía a la esclavitud.

gasto / spending
Uso de dinero para producir un bien o un servicio, para comprarlo.

gaucho / gaucho
Hábil jinete de la Pampa de Suramérica, que cazaba ganado a cambio de comida y pieles. En la actualidad, un gaucho es un ganadero que maneja una estancia.

géiser / geyser
Manantial que dispara vapor y agua caliente hacia el aire.

Géiser en el Parque Nacional de Yellowstone.

generación / generation
Grupo de personas que nacieron el mismo año. *ej.* A la generación de mis padres les gustaba el rock and roll.

generalización / generalization
Afirmación que resume una serie de hechos y que los relaciona.

geografía / geography
Estudio de la Tierra y la forma en que la aprovechamos.

glaciar / glacier
Capa de hielo enorme, que se mueve con lentitud.

globalización / globalization
Proceso económico que se da cuando los bienes se producen usando recursos, materias primas y servicios de varios países. Las grandes compañías fabrican sus productos en varias partes del mundo para venderlos por todos lados. El intercambio comercial se da gracias a los modernos servicios de transporte que en uno o dos días hacen llegar los productos a diferentes centros de consumo.

globo terráqueo / globe
Modelo redondo de la Tierra.

gobernador / governor
Líder del poder ejecutivo de los gobiernos estatales.

gobierno / government
Sistema para decidir qué es lo mejor para la mayoría de las personas de una comunidad. Protege a sus miembros y resuelve las diferencias entre ellos. *ej.* La tarea principal de un gobierno es hacer y ejecutar las leyes.

Rick Perry, gobernador de Texas.

gobierno de mayoría / majority rule
Es una forma de decidir algo, en especial, es un gobierno en el que los dirigentes se eligen por más de la mitad de los votantes en una elección. Quienquiera que obtenga más votos gana.

gobierno del estado / state government
Forma de dirigir el funcionamiento de la comunidad de un estado.

gobierno representativo / representative government
Gobierno en el que los votantes eligen mediante el voto a las personas que los van a representar.

golfo / gulf
Extensión de agua más pequeña que una bahía, rodeada por tierra.

Golfo de México

Gompers, Samuel (1850–1924)
Líder sindicalista que fundó la Federación Estadounidense del Trabajo en 1886.

Goodnight, Charles (1836–1929)
Ranchero que abrió una ruta importante para transportar ganado, la cual se conoció como el Camino Goodnight-Loving. La ruta iba del norte de Texas hasta Colorado.

Gorbachov, Mikhail (1931–)
Presidente de la antigua Unión Soviética en la década de 1980. Inició reformas en su país para dar más libertad política y económica al pueblo.

Gore, Al (1948–)
Antes de ser vicepresidente de Estados Unidos en 1993, fue miembro de la Cámara de Representantes y senador por el estado de Tennessee.

Mikhail Gorbachov

graffiti / graffiti

Palabras y símbolos dibujados con pintura en aerosol en muros, puentes, camiones y vagones del subterráneo. Las pintas de graffitis son contrarios a la ley cuando invaden las propiedades de las personas. Pero hay otro tipo de graffiti que se ha convertido en arte popular con programas como el Philadelphia Anti-Graffiti Network, que enseña a los jóvenes a usar su talento para mejorar su comunidad.

Graffiti

Gráfica del clima en el área de Dallas, Texas.

gráfica del clima / climograph

Dibujo que muestra el promedio de temperatura y el promedio de precipitación de un determinado lugar durante cierto periodo.

Gran Concertación / Great Compromise

Acuerdo de la Convención Constitucional para crear un Congreso con dos cámaras.

Gran Depresión / Great Depression

Periodo de grave crisis económica que comenzó en 1929.

Gran Despertar / Great Awakening

Movimiento religioso importante, que comenzó en las colonias en la década de 1730 y "despertó", o revivió, el interés de muchos colonos cristianos en su religión.

Gran Migración / Great Migration

Movilización que se dio entre 1915 y la década de 1940, durante la cual millones de afroamericanos partieron hacia el norte en busca de trabajo y un trato justo.

Gran Sello / Great Seal

Es el símbolo oficial de un país que se puede usar en el dinero y en documentos oficiales. El Gran Sello de Estados Unidos está formado por 5 elementos: una corona con 13 estrellas que representan a los 13 estados originales; el lema en latín "E Pluribus Unum", que quiere decir "De muchos, uno"; un águila de cabeza blanca, el ave nacional; una rama de olivo que simboliza el poder de la paz; y 13 flechas que representan el poder de la guerra.

El Gran Sello de Estados Unidos.

granja / farm

Terreno donde se siembran cultivos y se crían animales.

Grant, Ulysses S. (1822–1885)

Presidente número 18 de Estados Unidos, que gobernó de 1869 a 1877. Fue comandante de las fuerzas de la Unión en la Guerra Civil.

Green Mountain Boys

Grupo de patriotas de Vermont que capturaron el fuerte Ticonderoga en 1775.

Greene, Nathanael (1742–1786)

General patriota durante la Guerra de Independencia. Su estrategia militar consistió en hacer que los británicos siguieran a su ejército por todo Carolina del Norte y del Sur hasta agotarlos.

grupo étnico / ethnic group

Grupo de personas de un mismo país, de una misma raza, o con un mismo modo de vida.

Grupo étnico

guerra civil / civil war
Guerra entre los habitantes de un mismo país.

Guerra con México / Mexican War
Guerra que duró de 1846 a 1848, en la que Estados Unidos derrotó a México y ganó territorio mexicano.

Guerra de 1812 / War of 1812
Conflicto entre Estados Unidos y Gran Bretaña que duró de 1812 a 1815.

Guerra de Corea / Korean War
Guerra entre Corea del Norte y Corea del Sur, que duró de 1950 a 1953. Estados Unidos luchó junto a Corea del Sur para detener el avance del comunismo.

Guerra de Independencia / American Revolution
Guerra entre las 13 colonias y Gran Bretaña que duró de 1775 a 1783, a consecuencia de la cual las 13 colonias ganaron su independencia y se convirtieron en Estados Unidos.

Soldados de la Guerra de Corea.

Guerra de Irak / Irak War
Guerra en la que Estados Unidos realizó una campaña militar en el año 2003 para terminar con el régimen del dictador Saddam Hussein.

Guerra de Vietnam / Vietnam War
Guerra que ocurrió en las décadas de 1960 y 1970 en la que Estados Unidos envió soldados a Vietnam del Sur para evitar que las fuerzas comunistas tomaran el país.

Guerra del Golfo Pérsico / Persian Gulf War

Guerra de Estados Unidos y sus aliados en contra de Irak, ocurrida en 1991.

Guerra del Golfo Pérsico.

Guerra del Rey Philip / King Philip's War

Guerra en la que pelearon los indígenas norteamericanos y los colonos ingleses que vivían en Nueva Inglaterra en la década de 1670.

Guerra Franco-Indígena / French and Indian War

Guerra entre los británicos y los franceses con sus aliados indígenas norteamericanos que Gran Bretaña ganó en 1763.

Guerra Fría / Cold War

Lucha entre Estados Unidos y la Unión Soviética por el predominio mundial, que se peleó con ideas, palabras y dinero, y no con soldados.

Guerra Hispano-Estadounidense / Spanish-American War

Guerra en la que Estados Unidos derrotó a España en 1898 y ganó territorio español.

guerra total / total war

Método de combate usado por el general de la Unión William Sherman, en el que se ataca tanto al ejército contrario como a la población civil enemiga.

Gutenberg, Johann (1395?–1468)

Alemán que inventó la imprenta alrededor del año 1450.

Johann Gutenberg

hablantes en código / code talkers
Soldados navajos que usaron su lengua materna para crear un código que no pudiera descifrarse. Durante la Segunda Guerra Mundial escribieron mensajes secretos que ayudaron a Estados Unidos a ganar la guerra.

haciendas / haciendas
Fincas grandes construidas en América del Norte por españoles ricos.

Halcones de Guerra / War Hawks
Miembros del Congreso que apoyaban la guerra contra Gran Bretaña.

Hall, Prince (1745?–1807)
Ministro que combatió en el Ejército Continental y fue uno de los primeros líderes de la lucha para acabar con la esclavitud en Estados Unidos.

Hancock, John (1737–1793)
Líder patriota y presidente del Segundo Congreso Continental. Fue el primero en firmar la Declaración de Independencia.

Hays, Mary Ludwig (1744–1832)
Patriota apodada "Molly Vasijas", que se hizo famosa por su valiente servicio en el campo de batalla.

hecho / fact
Afirmación que se puede comprobar.

John Hancock

Hemingway, Ernest (1899–1961)
Escritor estadounidense que alcanzó gran popularidad en las décadas de 1920 y 1930. Sus libros más famosos se basan en sus experiencias durante la Primera Guerra Mundial.

hemisferio / hemisphere
Mitad de una esfera o un globo. *ej.* La Tierra puede dividirse en hemisferios.

Henry, Patrick (1736–1799)
Patriota de Virginia y abogado famoso por sus apasionados discursos en apoyo a la independencia de Estados Unidos.

Patrick Henry
"No sé qué camino sigan otros; por mi parte, ¡denme libertad o muerte!"

herencia / heritage
Forma de vida, costumbre o creencia que viene del pasado y continúa hasta el presente.

héroe / hero
Hombre admirado por el valor demostrado en sus acciones.

herramientas / tools
Objetos que son útiles y necesarios para hacer un trabajo.

hessianos / hessians
Ejército de mercenarios alemanes provenientes de la región de Hesse en Alemania, que fue derrotado por el Ejército Continental al mando de George Washington en la Batalla de Trenton.

Diversas herramientas de trabajo.

Hiawatha (siglo XVI)
Ayudó a fundar la Liga Iroquesa a finales del siglo XVI.

Hijas de la Libertad / Daughters of Liberty
Grupo de mujeres patriotas que tejían telas para sustituir algunos de los productos británicos.

Hijos de la Libertad / Sons of Liberty
Grupo de patriotas que se oponían al gobierno británico antes de la Guerra de Independencia.

himno nacional / national anthem
Canción oficial de un país. *ej.* "The Splangled Banner" es el himno nacional de Estados Unidos.

historia / history
Estudio del pasado.

historiador / historian
Persona que se dedica a estudiar el pasado.

Hitler, Adolfo (1889–1945)
Dictador nazi de Alemania durante la Segunda Guerra Mundial.

Himno nacional de Estados Unidos.

Holocausto / Holocaust
Asesinato de 6 millones de judíos durante la Segunda Guerra Mundial.

honestidad / honesty
Forma de ser en la que se respeta y actúa de acuerdo con ciertas reglas para el bien de una comunidad.

hora oficial / standard time
Hora fijada por ley para todos los lugares de un mismo huso horario.

Houston, Sam (1793–1863)
Comandante de las fuerzas victoriosas durante la Revolución de Texas. Fue elegido primer presidente de la República de Texas en 1836.

huelga / strike
Negativa de los empleados a realizar su trabajo hasta que la empresa para la que trabajan cumpla sus demandas.

Huerta, Dolores (1930–)

Líder mexicoamericana que ayudó a mejorar la vida de los trabajadores agrícolas migratorios.

Hughes, Langston (1902–1967)

Escritor y figura importante del Renacimiento de Harlem.

Así lo dijo...

Dolores Huerta
"Desde adolescente empecé a notar el racismo, y me tomó mucho tiempo superar lo que eso me hacía sentir."

humedad / humidity

Cantidad de agua que hay en el aire y en el terreno.

huracán / hurricane

Fuerte tormenta con lluvias y vientos intensos. Cerca de su centro, el viento sopla a unas 74 millas (119 km) por hora.

Hussein, Saddam (1937–)

Dictador de la república de Irak cuya ambición por controlar los ricos yacimientos de petróleo de Kuwait desencadenó la Guerra del Golfo Pérsico en la que Estados Unidos tuvo que intervenir. En 2003, Estados Unidos lanzó una nueva ofensiva para expulsar al dictador iraquí en la llamada Operación Libertad.

huso horario / time zone

Región en la que se utiliza la hora oficial. *ej.* En total existen 24 husos horarios en el mundo, uno por cada hora.

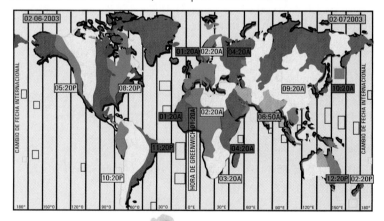

ideales / ideals
Creencias importantes. *ej.* Debemos luchar por nuestros ideales.

idioma / language
Lengua que se habla en un pueblo o una nación.

imperio / empire
Gran extensión de tierras y personas gobernadas por un líder.

importación / import
Intercambio comercial en el que un país compra productos a otro.

imprenta / printing press
Máquina que permite reproducir en papel gran cantidad de libros con gran rapidez. Fue desarrollada en Alemania por Johann Gutenberg en 1450. Gracias a este invento, muchas personas tienen acceso a los libros.

impuesto / tax
Dinero o productos que pagan las personas al gobierno, en general por servicios que reciben.

Imprenta

inauguración / inauguration
Ceremonia en la que el presidente recién elegido asume su cargo.

inca / Inca
Imperio que se desarrolló en los Andes, en lo que hoy es Perú.

independencia / independence
Condición o estado en el que se está libre del control de otros.

indígenas norteamericanos / native american
Primeros pobladores de lo que hoy es Estados Unidos como los grupos culturales de los nez percés, apaches, hopis, navajos, pueblos, cheroquíes, arapahos, cheyenes, comanches, lakotas, algonquinos e iroqueses.

individualismo / individualism
Situación en la que las personas actúan por cuenta propia para cambiar el orden del mundo, sin tomar en cuenta a los demás y sin obedecer las normas que sigue el resto de la sociedad.

industrialización / industrialization
Es cuando un país o región funda o establece fábricas o industrias para producir bienes a gran escala.

industrias / industries
Todos los negocios o compañías que fabrican el mismo tipo de productos o que proporcionan el mismo tipo de servicio.

inflación / inflation
Condición económica que se presenta cuando los precios suben rápidamente.

ingreso / income
Dinero que gana una persona por trabajar, o una nación o estado por sus actividades productivas y comerciales.

inmigrantes / immigrants
Personas que se van de un país para vivir en otro.

Inouye, Daniel (1924–)
Primer japonés estadounidense elegido para representar a Hawai en el Congreso.

intercambio / trade
Dar una cosa a cambio de otra, comerciar o comprar y vender productos. *Consulta* comercio.

Daniel Inouye

intercambio colombino / Columbian Exchange
Movimiento de personas, animales, plantas, enfermedades y modos de vida entre los hemisferios oriental y occidental, a partir de los viajes de Colón.

interdependencia / interdependence
Dependencia que se establece por el intercambio de recursos y productos.

interés / interest
Dinero que un banco o un deudor paga por usar un dinero prestado.

interior del país / backcountry
En la época de las 13 colonias, se le llamaba así a la franja de terreno escarpado cerca de los montes Apalaches.

interpelación / impeachment
Acusación contra un funcionario por haber cometido una acción indebida.

invento / invention
Objeto nuevo producido por el ingenio humano.

inventor / inventor
Persona que produce algo nuevo.

irrigación / irrigation
Proceso por el cual se riegan los cultivos con agua que se toma de los ríos o de los mantos subterráneos.

Isabel (1451–1504)
Reina de España que aceptó financiar la expedición de Cristóbal Colón a las Américas en 1492.

isla / island
Tierra que está rodeada por agua.

isla de barrera / barrier island
Isla baja y angosta que está cerca de la costa.

istmo / isthmus
Franja estrecha de tierra que conecta dos áreas de mayor tamaño.

Leonardo de Vince fue un inventor notable.

Isla de barrera

Jackson, Andrew (1767–1845)

Séptimo presidente de Estados Unidos, que gobernó de 1829 a 1837. Como general del ejército, llevó a las tropas estadounidenses a la victoria en la Batalla de Nueva Orleáns durante la Guerra de 1812.

Así lo dijo...

Andrew Jackson

"En general, los grandes pueden protegerse, pero los pobres y los humildes necesitan del brazo y el escudo de la ley."

Jackson, Thomas "Stonewall" (1824–1863)

General que ayudó a los estados de la Confederación a obtener las primeras victorias en la Guerra Civil.

Jefferson, Thomas (1743–1826)

Tercer presidente de Estados Unidos, que gobernó de 1801 a 1809. Fue miembro del Congreso Continental y principal escritor de la Declaración de Independencia.

Thomas Jefferson

Johnson, Lyndon B. (1908–1973)

Presidente número 36 de Estados Unidos, que gobernó de 1963 a 1969. Llegó a la presidencia cuando John F. Kennedy fue asesinado.

Jones, Mary Harris (1830–1930)

Líder sindical apodada "Mamá Jones" que ayudó a formar sindicatos.

juez / judge

Persona que trabaja en una corte y que puede imponer un castigo a alguien que no cumpla las leyes.

jurado / jury

Tribunal formado por un conjunto de ciudadanos que determinan la inocencia o la culpabilidad de un acusado.

juramento / pledge

Promesa de una persona con la que se compromete a respetar algo muy valioso.

Juramento a la Bandera / The Pledge of Allegiance

Promesa de lealtad que hacen los ciudadanos de Estados Unidos ante la bandera nacional. Por este compromiso, los ciudadanos tienen siempre en mente los ideales que comparten como miembros de una nación.

> **╺Juramento a la Bandera╺**
>
> *Prometo lealtad a la bandera de Estados Unidos de América y a la república que representa, una nación bajo Dios, indivisible, con libertad y justicia para todos.*

justicia / fairness

Es el acto de no favorecer más a una persona que a otra.

Kennedy, John F. (1917–1963)

Presidente número 35 de Estados Unidos, que gobernó de 1961 a 1963. Fue el presidente más joven y el primero de religión católica.

Key, Francis Scott (1779–1843)

Escritor del poema "The Star-Spangled Banner" durante la Guerra de 1812. Este poema se convirtió después en el himno nacional de Estados Unidos.

King, Martin Luther, Jr. (1929–1968)

Ministro y líder del movimiento por los derechos civiles durante las décadas de 1950 y 1960; creía en la protesta pacífica.

Así lo dijo...

Martin Luther King, Jr.
"Tengo un sueño, que mis cuatro hijos pequeños vivan un día en una nación en la que no sean juzgados por el color de su piel sino por lo que expresa su carácter."

Ku Klux Klan

Grupo formado por habitantes blancos del sur después de la Guerra Civil de Estados Unidos. Este grupo se oponía a la integración de los negros en la vida política y social del país. Quemaba escuelas y casas de los afroamericanos y atacaba a los que intentaban votar.

ladera / slope
Lado de una montaña.

lago / lake
Gran extensión de agua rodeada total o casi totalmente por tierra.

lancha / flatboat
Embarcación grande hecha con tablas que se amarran juntas.

Las Casas, Bartolomé de (1474–1566)
Sacerdote español que protestó contra el maltrato a los indígenas en Nueva España que hoy es México.

latitud / latitude
Distancia del ecuador hacia el norte y hacia el sur que se mide en grados.

lava / lava
Roca ardiente y fundida que arroja un volcán.

Lava

leales al rey / Loyalists
Colonos que permanecieron leales al gobierno británico durante la Guerra de Independencia.

lealtad / allegiance
Apego y constancia hacia una persona, una organización, un país o ciertas creencias e ideas. *ej.* Un buen ciudadano actúa con lealtad a la nación.

Lee, Robert E. (1807–1870)
Comandante de las fuerzas confederadas en la Guerra Civil.

legislador / lawmaker
Persona dedicada a hacer leyes y a establecerlas en una comunidad.

Así lo dijo...

Robert E. Lee
• "No me queda más que hacer sino ir a ver al general Grant, y antes preferiría morir mil veces."
• "No puedo decidirme a levantar la mano contra mis familiares, mis hijos, mi hogar."

legislatura estatal / state legislature
Poder legislativo de un gobierno estatal.

lema / motto
Conjunto de palabras con un significado que las personas tratan de seguir en su vida diaria.

Lewis, Meriwether (1774–1809)
Capitán del ejército elegido por Thomas Jefferson para dirigir la expedición de Lewis y Clark, la cual exploró las tierras obtenidas mediante la Compra de Luisiana.

ley / law
Regla que deben cumplir los miembros de una comunidad.

Meriwether Lewis

Ley Antimonopolio de Sherman / Sherman Antitrust Act
Ley aprobada en 1890 que permitió al gobierno de Theodore Roosevelt obligar a los monopolios a dividirse en compañías más pequeñas.

Ley de Esclavos Fugitivos / Fugitive Slave Law
Ley aprobada en 1850 que ordenaba que los esclavos que habían escapado fueran devueltos a sus dueños.

Ley de Expulsión de Indígenas / Indian Removal Act
Ley aprobada en 1830 que obligaba a los indígenas que vivían en el sureste a trasladarse al oeste del río Mississippi.

Ley de Fincas / Homestead Act
Ley de 1862 que ofrecía tierras gratuitas a los pioneros dispuestos a establecer nuevas granjas en las Grandes Llanuras. También se conoce como *Ley de Colonización*.

Ley de Kansas-Nebraska / Kansas-Nebraska Act
Ley aprobada en 1854 que permitía a los habitantes de estos dos territorios decidir si permitirían o no la esclavitud.

Ley del Té / Tea Act

Ley aprobada por el Parlamento a principios de la década de 1770 que establecía que solamente la compañía británica East India Company podía vender té a las 13 colonias.

Motín en Boston en protesta a la Ley del Té.

Ley del Timbre / Stamp Act

Ley aprobada por el Parlamento en 1765 que ordenaba un impuesto sobre los materiales impresos en las 13 colonias.

leyenda / legend

Historia que viene del pasado, algunas de cuyas partes pueden no ser verdad.

Leyes de Jim Crow / Jim Crow Laws

Leyes aprobadas en el Sur después de la Reconstrucción, que establecían la separación de blancos y negros.

Qué + significa

Leyenda también es la parte de una ilustración o un mapa que explica algo relacionado con su contenido.

Leyes Intolerables / Intolerable Acts

Leyes aprobadas por el Parlamento británico para castigar a los colonos de Boston después del Motín del Té de Boston.

Leyes Townshend / Townshend Acts

Leyes aprobadas en 1767 por el Parlamento, para imponer un arancel sobre los productos que las colonias importaban de Gran Bretaña.

libertad / freedom

Derecho de las personas para tomar sus propias decisiones.

libre empresa / free enterprise

Sistema económico que da a las personas la libertad de empezar sus propios negocios y de ser dueñas de sus propiedades, con un control limitado del gobierno.

libro de no ficción / nonfiction book
Libro que se basa en hechos.

libros de consulta / reference books
Libros de temas diversos que contienen datos útiles, como almanaques, diccionarios, atlas y enciclopedias.

líder / leader
Persona que ayuda a los demás a tomar decisiones y a realizar acciones.

liga / league
Unión integrada por personas o grupos para trabajar en un interés común.

Liga de las Naciones / League of Nations
Organización de naciones formada después de la Primera Guerra Mundial.

Juan Pablo II, líder de los católicos.

límite / border
Línea que marca el lugar donde termina un territorio y empieza otro. *ej.* El río Grande marca el límite entre los territorios de Estados Unidos y México.

Lincoln, Abraham (1809–1865)
Presidente número 16 de Estados Unidos, que gobernó de 1861 a 1865, durante la Guerra Civil.

Abraham Lincoln
"Si la esclavitud no es algo malo, entonces nada lo es… no haría nada para provocar una guerra entre los estados libres y los esclavistas."

línea cronológica / time line
Diagrama que muestra el orden en que ocurrieron los hechos y el tiempo que transcurrió entre ellos.

línea de cascada / fall line
Lugar donde los ríos se precipitan de un terreno alto a uno bajo.

línea de montaje / assembly line
Línea de trabajadores a lo largo de la cual producen un objeto poniéndole piezas cada uno de ellos en cada etapa. También se conoce como *cadena de montaje.*

líneas cronológicas paralelas / parallel time lines
Grupo de dos o más líneas cronológicas.

líneas de latitud / lines of latitude
Serie de líneas imaginarias en un globo terráqueo o en un mapa que corren de este a oeste. Se usan para determinar la distancia que existe, hacia el norte o el sur, entre un lugar y el ecuador.

Líneas de latitud

Ecuador

Líneas de longitud

líneas de longitud / lines of longitude
Serie de líneas imaginarias en un globo terráqueo o en un mapa que corren de norte a sur. Se usan para determinar la distancia que existe, hacia el este y el oeste, entre un lugar y el primer meridiano.

literatura / literature
Arte de expresar con palabras ideas y sentimientos.

longitud / longitude
Distancia del primer meridiano hacia el este y hacia el oeste de la Tierra, que se mide en grados.

llanura / plain
Extensión grande de tierra plana.

llanura aluvial / floodplain
Tierra baja a lo largo de un río.

llanura costera / coastal plain
Tierra baja que se extiende a lo largo de la costa.

Llanura aluvial

Madison, James (1751–1839)
Cuarto presidente de Estados Unidos, que gobernó de 1809 a 1817. Fue uno de los principales autores de la Constitución de Estados Unidos.

Magallanes, Fernando de (1480?–1521)
Explorador portugués que dirigió la primera expedición para dar la vuelta al mundo.

magnicidio / assassination
Asesinato de algún personaje importante del gobierno o de la política, por ejemplo, el asesinato del presidente John F. Kennedy.

Malcolm X (1925–1965)
Líder del movimiento a favor de los derechos civiles en la década de 1960; creía que los afroamericanos debían ser autosuficientes.

Malcom X

manantial / source
Lugar donde nace un río.

mancomunidad / commonwealth
Territorio que se gobierna a sí mismo.

mancha de petróleo / oil slick
Capa de petróleo que cubre el agua después de un derrame.

manufactura / manufacturing
Elaboración o producción de bienes, a partir de materias primas. *ej.* El petróleo es una materia prima para la manufactura de muchas sustancias químicas.

¿Sabías que..?

Puerto Rico es una mancomunidad. Tiene estrechas relaciones con Estados Unidos, pero tiene un gobierno independiente. Sin embargo, los puertorriqueños no tienen a ningún representante que vote en el Congreso y tampoco puede votar para elegir al presidente de Estados Unidos.

mapa / map
Dibujo que representa de manera plana la superficie de la Tierra o de algún otro lugar.

mapa de altitud / elevation map
Mapa físico en el que se usan colores para mostrar la altitud.

mapa de carreteras / road map
Mapa que muestra las carreteras y se usa para planear viajes a ciudades u otros lugares de interés.

mapa de densidad demográfica / population density map
Mapa que muestra la distribución de la población.

mapas de distribución / distribution maps
Mapas que muestran cómo están distribuidas la población y los recursos naturales en un área determinada.

mapas de historia / history maps
Mapas que muestran dónde estuvieron ubicados algunos lugares hace mucho tiempo.

mapa de husos horarios / time zone map
Mapa que muestra los husos horarios de un país o del mundo.

mapa de ubicación / locator map
Mapa pequeño que aparece dentro de un mapa grande; muestra la ubicación en la Tierra del área mostrada en el mapa principal.

mapa en gran escala / large-scale map
Mapa que muestra un área pequeña en detalle.

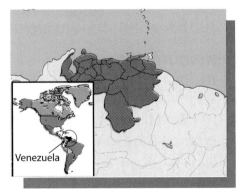

Mapa de ubicación de Venezuela.

mapa en pequeña escala / small-scale map
Mapa que muestra una región muy grande, pero no en detalle.

mapa físico / physical map
Mapa que indica las características geográficas de una región, como montañas y ríos.

mapa insertado / inset map
Mapa pequeño dentro de un mapa grande, que muestra áreas que están fuera del mapa grande. También se conoce como mapa del recuadro.

mapa político / political map
Mapa que muestra los límites entre estados o países.

mar / sea
Gran masa de agua un poco más pequeña que un océano.

Masacre de Boston / Boston Massacre
Suceso ocurrido la noche del 5 de marzo de 1770 en Boston, durante el cual los soldados británicos mataron a cinco colonos, que formaban parte de un grupo enfurecido que los había rodeado. En una masacre, son asesinadas personas que no se pueden defender.

Massasoit (1580?–1661)
Jefe de los wampanoags que firmó un tratado de paz con los peregrinos en Plymouth.

maya / Maya
Una de las grandes civilizaciones, pecolombinas que se desarrollaron en México. Tuvieron avances importantes en astronomía y matemáticas, y también desarrollaron un sistema de escritura.

materias primas / raw materials
Recursos en su estado natural, como un mineral, que se usan para fabricar un producto.

El carbón es una materia prima.

mediador / mediator

Persona que ayuda a ambas partes a resolver su desacuerdo.

medios de comunicación / communication links

Aparatos que permiten comunicar a personas separadas por grandes distancias.

Medios de comunicación

megalópolis / megalopolis

Región urbana muy grande que se forma cuando dos o más áreas metropolitanas crecen juntas.

mercado / market

Lugar donde se venden alimentos, pero también una gran variedad de productos.

mercado libre / free market

Sistema comercial donde las personas deciden qué productos fabrican o compran.

mercenarios / mercenaries

Soldados de un país que reciben dinero para luchar por otro país.

meridiano / meridian

Línea imaginaria que se extiende del Polo Norte al Polo Sur. También se llama línea de longitud.

mesa / mesa

Accidente geográfico alto y plano que se eleva abruptamente sobre la tierra que lo rodea.

meseta / plateau

Extensión plana de tierra, muy alta, con laderas empinadas.

Meseta

migración / migration
Movimiento de gran número de personas que dejan un país o región para establecerse en otra.

migrar / migrate
Desplazarse de una región a otra.

milicias / militias
Ejércitos de soldados voluntarios.

milicianos / minutemen
Grupos de milicias que podían estar listos en un minuto para luchar.

mineral / mineral
Sustancia que se encuentra en la Tierra y no es de origen animal ni vegetal, como el oro, el cobre o la sal.

minero / miner
Persona que excava el suelo en busca de minerales.

Montículos de sal.

misión / mission
Asentamiento que empezó cuando los sacerdotes católicos enseñaron el cristianismo a los indígenas americanos.

misionero / missionary
Persona que se dedica a la enseñanza de su religión.

Moctezuma (1480–1520)
Emperador de los aztecas cuando su imperio fue conquistado por Hernán Cortés.

monopolio / monopoly
Compañía que controla toda una industria.

montaña / mountain
Terreno más elevado de la tierra.

PEMEX, monopolio petrolero mexicano.

montañeses / mountain men
Se llamaba así a los tramperos que ayudaron a explorar y poblar el terrritorio de Oregón.

monumento / monument
Construcción que recuerda a las personas algo que ocurrió en el pasado.

monumento histórico / landmark
Lugar, edificio o estatua construido en honor a alguien.

Morse, Samuel (1791–1872)
Inventor de la clave Morse, un código utilizado para enviar mensajes por telégrafo.

Monumento en una tumba egipcia.

Motín del Té de Boston / Boston Tea Party
Protesta en contra de los impuestos británicos en 1773, durante la cual los Hijos de la Libertad abordaron barcos británicos y arrojaron al agua el té que éstos transportaban al puerto de Boston.

movimiento por los derechos civiles / Civil Rights Movement
Campaña de cambio social para que los afroamericanos recibieran un trato justo. El líder de este movimiento fue el doctor Martin Luther King, Jr.

muro / levee
Pared alta que se construye en la tierra a lo largo de los bancos de los ríos para controlar las inundaciones.

Muro de Berlín / Berlin Wall
Muro que de 1961 a 1989 separó a la ciudad alemana de Berlín en dos: la parte oriental perteneciente a la Alemania comunista, y la parte occidental perteneciente a la Alemania federal. Fue derribado el 9 de noviembre de 1989.

Mussolini, Benito (1883–1945)
Dictador italiano que llegó al poder en 1922 y gobernó Italia durante la Segunda Guerra Mundial.

nacionalismo / nationalism
Fuerte sentimiento de orgullo
por el propio país.

navegación / navigation
Ciencia utilizada por los marineros
para fijar su curso y determinar su
ubicación.

Nacionalismo

necesidades / needs
Todo lo que es necesario para alguien.

necesidades básicas / basic needs
Cosas que debemos tener para poder vivir.

negocio / business
Lugar que vende bienes o servicios.

neutral / neutral
Que no toma partido o que no está a favor de nadie.

nivel del mar / sea level
Superficie del océano con la cual se compara el nivel de tierra,
hacia arriba o hacia abajo.

Nixon, Richard (1913–1994)
Presidente número 37 de Estados Unidos, que gobernó de 1969
a 1974. Primer presidente que renunció a su cargo.

nómada / nomad
Persona que no tiene un domicilio permanente y que se mueve
de un lugar a otro.

Nuevo Trato / New Deal
Serie de programas iniciados por el presidente Franklin D. Roosevelt
para ayudar a que el país se recuperara de la Gran Depresión.

nuevos colonos / homesteaders
Pobladores que reclamaban tierras en las Grandes Llanuras, de acuerdo
con la Ley de Fincas.

oasis / oasis
Área pequeña de un desierto donde hay tierra fértil y agua.

océano / ocean
Cada una de las grandes masas de agua salada que hay en la Tierra.

Oasis

oferta / supply
Cantidad de un bien o servicio que una empresa ofrece en venta.

oficina de correos / post office
Lugar donde organizan y distribuyen cartas.

Oficina de Libertos / Freedmen's Bureau
Organismo federal establecido en 1865 para dar comida, educación y servicios médicos a los esclavos liberados del sur.

opinión / opinion
Punto de vista de una persona sobre un tema.

oportunidad / opportunity
Posibilidad de conseguir algo mejor.

opositor / dissenter
Persona con puntos de vista diferentes de los de sus gobernantes.

Organización de las Naciones Unidas / United Nations
Organización internacional formada en 1945 para promover la paz y el fin de los conflictos mundiales.

Organización del Tratado del Atlántico Norte (OTAN) / North Atlantic Treaty Organization (NATO)
Alianza militar formada por Estados Unidos y los países de Europa Occidental después de la Segunda Guerra Mundial, para garantizar la defensa mutua y colectiva.

Pacto del Mayflower / Mayflower Compact
Plan de gobierno redactado por los peregrinos que viajaban a bordo del *Mayflower*.

país / country
Territorio donde viven personas que tienen una unidad política y cultural.

pantanales / wetlands
Tierras bajas donde el nivel del agua siempre está cerca o debajo de la superficie del suelo.

pantano / swamp
Terreno bajo y húmedo donde crecen árboles y arbustos. La tierra por lo general está cubierta por aguas poco profundas la mayor parte del año.

paralelas / parallels
Líneas que siempre mantienen la misma distancia entre sí, como las líneas de latitud.

Pantano

Parlamento / Parliament
Asamblea de Gran Bretaña encargada de hacer las leyes.

Parker, John (1729–1775)
Capitán de los milicianos de Lexington; líder patriota en la Batalla de Lexington ocurrida en abril de 1775, cuando sonaron los primeros disparos de la Guerra de Independencia.

Así lo dijo...

John Parker
"No retrocedan ni disparen primero, pero si ellos desean la guerra aquí ha de comenzar."

Parks, Rosa (1913–)
Líder del movimiento a favor de los derechos civiles que fue arrestada por protestar contra la segregación en los autobuses de Montgomery, Alabama, en 1955. Sus acciones ayudaron a poner fin a la segregación en el transporte público.

partido político / political party

Grupo organizado de personas que comparten las mismas ideas sobre lo que un gobierno debe o no debe hacer.

paso / pass

Camino estrecho entre montañas altas.

Paso Central / Middle Passage

Es el nombre que se le dio a la segunda parte del viaje por las rutas comerciales triangulares que se hacían en el siglo XVIII. Los africanos cautivos sufrían terriblemente durante el Paso Central.

Qué + significa

- Lugar por donde se pasa o se puede pasar. *ej.* Cruzamos la avenida por un **paso** de peatones.
- Cada una de las cosas que hay que hacer para conseguir algo. *ej.* El primer **paso** es tomar una decisión.

paso de montaña / mountain pass

Canal o camino angosto a través de una cordillera.

Paso del Noroeste / Northwest Passage

Vía acuática que los exploradores pensaban que atravesaría América del Norte y conectaría a los océanos Atlántico y Pacífico.

pasteurización / pasteurization

Proceso que se usa para eliminar bacterias y gérmenes de la leche, el queso y otros productos.

Patriotas / Patriots

Colonos que se oponían al gobierno británico.

patriotismo / patriotism

Amor que se siente por el lugar donde se nace.

península / peninsula

Tierra que está rodeada casi por completo por agua.

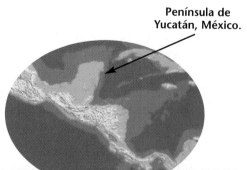

Península de Yucatán, México.

peregrinaje / pilgrimage
Viaje que se realiza por razones religiosas.

peregrino / pilgrim
Persona que viaja a un lugar por razones religiosas.

periodista de denuncia / muckraker
Escritor o periodista que daba a conocer lo que consideraban un "escándalo" en los negocios y en otras áreas de la vida estadounidense durante el gobierno del presidente Roosevelt.

periodo glacial / Ice Age
Época durante la cual las temperaturas bajas ocasionaron que grandes extensiones de agua de la Tierra se congelaran. También se conoce como *era glacial* o *edad de hielo*.

persecución / persecution
Trato injusto que reciben las personas por sus creencias.

petición / petition
Carta firmada por los habitantes donde le piden al gobierno hacer algo.

Petición de la Rama de Olivo / Olive Branch Petition
Carta enviada en 1775 por el Segundo Congreso Continental al rey George III en un intento por evitar la guerra.

petróleo / petroleum
Líquido espeso de color negro que se saca del subsuelo, de donde se obtiene la gasolina.

petróleo crudo / crude oil
Nombre que se le da al petróleo que se bombea directamente del suelo.

petroquímico / petrochemical
Sustancia química hecha con petróleo.

pico / peak
Parte más elevada de una montaña.

pictografía / pictograph
Gráfica en la que usan símbolos para representar números.

pioneros / pioneers
Primeros pobladores de una región.

pirámide / pyramid
Construcción que tiene tres o más lados triangulares que se juntan en un mismo punto en la parte superior.

Pizarro, Francisco (1478?–1541)
Conquistador español que derrotó al imperio inca en 1533.

Pirámides de Egipto.

Plan Anaconda / Anaconda Plan
Estrategia de la Unión para derrotar a la Confederación.

Plan de Nueva Jersey / New Jersey Plan
Propuesta que se planteó durante la Convención Constitucional para que cada estado tuviera el mismo número de representantes en el Congreso.

Plan de Virginia / Virginia Plan
Propuesta que se planteó durante la Convención Constitucional, en la que se otorgaba al Congreso más poder sobre los estados, y a los estados más grandes el derecho de tener más representantes en el Congreso que los estados pequeños.

planeta / planet
Cuerpo celeste que gira alrededor del Sol o de una estrella.

planta hidroeléctrica / hydroelectric power plant
Central o fábrica que produce electricidad con la energía del agua.

Planta hidroeléctrica.

plantación / plantation
Granja de gran tamaño en la que los cultivos principales son tabaco, algodón y arroz.

población / population
Número de personas que viven en un lugar.

pobreza / poverty
Condición en la que hay pocos recursos para satisfacer las necesidades básicas de las personas.

Pocahontas (1595?–1617)
Hija del jefe Powhatan que ayudó a lograr la paz entre los powhatanos y los colonos ingleses en Jamestown.

poder ejecutivo / executive branch
Rama del gobierno federal que hace cumplir las leyes y que está encabezada por el presidente.

poder judicial / judicial branch
Rama del gobierno federal cuya función principal es ver que las leyes se cumplan con justicia.

poder legislativo / legislative branch
Rama del gobierno federal que hace las leyes, a la que también se le llama Congreso.

poderes reservados / reserved powers
Facultades que la Constitución otorga a los estados.

Polk, James K. (1795–1849)
Presidente número 11 de Estados Unidos, que gobernó de 1845 a 1849.

Pony Express / Pony Express
Servicio de correo que consistía en una serie de relevos de jinetes que llevaban el correo desde Missouri hasta California en diez días. Comenzó en 1860 y llegó a su fin con la construcción del ferrocarril transcontinental.

potlatch / potlatch
Celebración de los indígenas americanos en la que los anfitriones dan regalos a sus invitados.

Powell, Colin (1937–)
Militar estadounidense de mayor rango durante la Guerra del Golfo Pérsico. En 2001 se convirtió en el primer Secretario de Estado afroamericano.

Powhatan (1550?–1618)
Jefe de la nación powhatan y padre de Pocahontas.

powwow / powwow
Ceremonia de los indígenas americanos, que con frecuencia incluye bailes y juegos tradicionales.

Colin Powell

pradera / prairie
Área de tierra plana u ondulada cubierta en su mayor parte por pastos y flores silvestres.

preámbulo / preamble
Introducción que está al comienzo de un libro. *ej.* El Preámbulo de la Constitución empieza con las siguientes palabras: "Nosotros, el pueblo de Estados Unidos..."

precipitación / precipitation

Agua que cae a la Tierra en forma de lluvia, nieve o aguanieve.

Precipitación en forma de nevada.

precolombino / pre-Columbian

Es algo que ocurrió antes del descubrimiento de América por Cristóbal Colón.

predicción / prediction

Afirmación que expresa lo que se cree que pasará en el futuro en otro lugar, basado en el panorama o la situación actual.

prejuicio / prejudice

Opinión injusta de desagrado u odio hacia un grupo de personas a causa de su raza, religión o procedencia.

presa / dam

Pared que se construye en un río para retener su agua.

presidente / president

Gobernante que es el líder de un país.

presidio / presidio

Fuerte militar construido por los españoles.

presupuesto / budget

Plan para gastar y ahorrar el dinero.

George W. Bush, presidente de Estados Unidos de América.

Primer Congreso Continental / First Continental Congress

Reunión de los representantes de cada colonia, excepto Georgia, que se llevó a cabo en Filadelfia en 1774 para acordar las medidas que tomarían como respuesta a las Leyes Intolerables.

primer meridiano / prime meridian

Línea de longitud señalada con cero grados. Las líneas de longitud miden en grados las distancias hacia el este y hacia el oeste, a partir del primer meridiano.

Primera Batalla de Bull Run / First Battle of Bull Run

Primera batalla importante de la Guerra Civil, ocurrida el 16 de julio de 1861.

Primera Guerra Mundial / World War I

Guerra entre las potencias aliadas y las potencias centrales que duró de 1914 a 1918. Estados Unidos se unió a las potencias aliadas en 1917, lo que les ayudó a obtener la victoria.

procesamiento de alimentos / food processing

Proceso por el que se cocina, enlata, seca o congela comida para venderla en el mercado.

Proclama de Emancipación / Emancipation Proclamation

Declaración hecha por el presidente Abraham Lincoln el primero de enero de 1863 en la que liberaba a todos los esclavos de los Estados Confederados aun cuando estaban en guerra con la Unión.

Proclamación de 1763 / Proclamation of 1763

Ley emitida por el rey George III que prohibía a los colonos ocupar tierras al oeste de los montes Apalaches.

producción en masa / mass production

Forma de producir en la que muchos bienes que son semejantes se hacen de manera más rápida y más barata.

producto / product

Algo que las personas hacen o cultivan, por lo general para vender.

producto terminado / finished product

Producto manufacturado o fabricado a partir de materias primas.

Productos terminados

productor / producer
Persona que fabrica productos.

progresistas / Progressives
Nombre con el que se conoció a los reformistas que querían mejorar el gobierno.

propiedad privada / private property
Lo que posee un individuo.

propiedad pública / public property
Que pertenece a todos los ciudadanos de un país.

propietario / proprietor
Persona que tiene la propiedad legal de una cosa.

provincias / provinces
Áreas grandes que forman parte de un país.

proyección cartográfica / map projection
Es la forma de mostrar la Tierra sobre una superficie plana.

publicación periódica / periodical
Periódico o revista que se publica de manera regular.

Pueblo / Pueblo
Tipo de asentamiento de los indígenas Pueblo en el Suroeste de Estados Unidos; los primeros exploradores españoles los llamaron así debido a la apariencia de sus comunidades.

Asentamiento de los Pueblo.

pueblo fantasma / ghost town
Pueblo abandonado por los mineros cuando ya se habían agotado los yacimientos de las minas y no había razón para seguir viviendo ahí.

pueblo minero / boomtown
Pueblo que se establecía rápidamente, casi de la noche a la mañana, cuando se descubrían nuevas minas que requerían trabajadores.

puente levadizo / drawbridge
Puente que se levanta para impedir el paso y se baja para cruzar.

puerto / harbor
Lugar de intercambio comercial donde los barcos cargan y descargan mercancías.

puesto comercial / trading post
Establecimiento donde los colonos y los indígenas norteamericanos se encontraban para comerciar productos.

pulpa / pulp
Mezcla suave de madera en polvo y sustancias químicas que se usan para hacer papel.

Puerto marítimo.

punto de vista / point of view
Opinión de una persona respecto de un tema o una situación.
ej. El punto de vista de una persona depende de si es viejo o joven, hombre o mujer, rico o pobre, entre otros.

punto intermedio de orientación / intermediate direction
Dirección entre dos puntos cardinales: noreste, noroeste, sureste y suroeste.

puntos cardinales / cardinal directions
Las cuatro direcciones principales de la Tierra: norte, sur, este y oeste.

Puritanos / Puritans
Grupo de personas que querían "purificar" o reformar la Iglesia Anglicana. En 1630 se establecieron en la colonia de la bahía de Massachusetts.

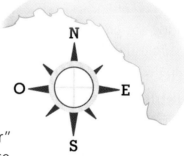

Raleigh, Walter (1552?–1618)

Explorador y militar inglés que recorrió América del Norte en la década de 1580 y fundó la "colonia perdida" de Roanoke en 1587.

rápidos / rapids

Lugares rocosos de un río donde elevaciones repentinas provocan movimientos peligrosos en la corriente.

rastra / travois

Trineo hecho con dos postes amarrados, que los indígenas norteamericanos usaban para transportar productos a través de las llanuras.

Walter Raleigh

ratificar / ratify

Aprobar algo de manera oficial.

ravellín / ravelin

Construcción de defensa en forma triangular, frente a la puerta principal de un castillo o un fuerte.

Reagan, Ronald (1911–)

Presidente número 40 de Estados Unidos, que gobernó de 1981 a 1989.

Rebelión de la Bandera del Oso / Bear Flag Revolt

Rebelión de los pobladores de California en contra del gobierno mexicano en 1846.

Bandera de California en 1846.

Rebelión de Pontiac / Pontiac's Rebellion

Rebelión de indígenas norteamericanos dirigidos por el jefe ottawa Pontiac, ocurrida en 1763.

Rebelión de Shays / Shays' Rebellion

Levantamiento de los agricultores en Massachusetts, encabezado por Daniel Shays en 1787, en contra de los elevados impuestos sobre la propiedad.

Rebelión Pueblo / Pueblo Revolt
Revuelta de indígenas pueblos a finales del siglo XVII, con la cual lograron desterrar por un tiempo a los españoles de Nuevo México.

Rebelión de Stono / Stono Rebellion
Rebelión de esclavos en California del Sur cerca del río Stono en 1739. Aproximadamente 25 colonos blancos murieron antes de que capturaran y ejecutaran a los esclavos.

Reconstrucción / Reconstruction
Periodo de recuperación posterior a la Guerra Civil, durante el cual los estados del sur se volvieron a juntar con la Unión.

recurso no renovable / nonrenewable resource
Recurso que no puede sustituirse, como los combustibles fósiles, por lo que debe usarse con control y cuidado.

recurso renovable / renewable resource
Recurso que puede hacer el ser humano o la naturaleza y que, por lo mismo, puede usarse continuamente.

El agua es un recurso renovable.

recursos de capital / capital resources
Son el dinero, los edificios, la maquinaria y las herramientas necesarias para emprender un negocio.

recursos humanos / human resources
Son los trabajadores y el conjunto de ideas y habilidades que ellos aportan en sus empleos.

recursos naturales / natural resources
Son los productos que se encuentran en la naturaleza y que las personas pueden usar.

La madera es un recurso natural.

refinería / refinery

Fábrica que convierte el petróleo crudo en productos útiles como la gasolina y otros combustibles.

reforma / reform

Cambio en las ideas o en las costumbres. *ej.* A principios del siglo XIX, surgió en el país un espíritu de reforma, caracterizado por un nuevo sentimiento religioso.

Refinería de petróleo.

refugio para la vida silvestre / wildlife refuge

Extensión de tierra apartada para proteger a los animales y otros seres vivos de la misma.

región / region

Área extensa con características comunes que la hacen diferente de otras áreas.

región cultural / cultural region

Área habitada por poblaciones con culturas parecidas.

regla / rule

Conductas que debemos seguir porque así conviene para vivir en una comunidad.

relieve / relief

Se le llama así a las diferencias de altitud que tiene el terreno.

religión / religion

Conjunto de creencias sobre Dios y dioses.

Renacimiento / Renaissance

Periodo que comenzó en Europa alrededor de 1350 y durante el cual surgió un nuevo deseo de aprender más acerca del arte y las ciencias.

Renacimiento de Harlem / Harlem Renaissance
Movimiento cultural que se dio en Harlem, una sección de la ciudad de Nueva York habitada por afroamericanos.

renacimiento espiritual / revival
Se llamó así a la serie de reuniones religiosas de principios del siglo XIX, que generaron un fortalecimiento del sentir religioso.

represa / reservoir
Lago que almacena el agua que retiene una presa.

república / republic
Forma de gobierno en la que el pueblo elige a sus representantes para crear leyes y gobernar.

reservación / reservation
Conjunto de tierras apartadas por el gobierno de Estados Unidos para los indígenas norteamericanos.

resolución de conflictos / conflict resolution
Movimiento final de un conflicto en el que las partes en lucha logran ponerse de acuerdo sobre sus diferencias.

respeto / respect
Consideración hacia los demás.

responsabilidad / responsibility
Manera de ser en la que se hace lo que se debe hacer.

restaurar / reclaim
Cambiar algo, como la tierra, a su estado o condición natural.

revolución / revolution
Cambio repentino y profundo en un gobierno o en la vida de las personas.

Viaje completo de la Tierra alrededor del Sol. *ej.* Le lleva un año a la Tierra completar una **revolución.**

Revolución de Texas / Texas Revolution

Guerra entre los pobladores de Texas y México, que duró de 1835 a 1836 y dio origen a la República de Texas.

Revolución Industrial / Industrial Revolution

Periodo durante el cual hubo un cambio importante en la manera de fabricar productos: en vez de hacerlos a mano, se hacían con máquinas en fábricas.

ribera / riverbank

Tierra que está a los lados de los ríos.

riego / irrigation

Uso de canales, acueductos o tuberías para llevar agua a zonas secas.

río arriba / upstream

Ir por un río en dirección a su manantial o nacimiento.

río navegable / navigable river

Río que es lo suficientemente ancho y profundo para que los barcos naveguen en él.

riqueza / wealth

Abundancia de bienes.

Roosevelt, Franklin D. (1882–1945)

Presidente número 32 de Estados Unidos, que gobernó de 1933 a 1945.

Diferentes banderas a lo largo de la historia de Texas.

Franklin D. Roosevelt

"Si has pasado dos años en la cama tratando de mover tu dedo gordo, todo lo demás te parecerá muy fácil."

Roosevelt, Theodore (1858–1919)

Presidente número 26 de Estados Unidos, que gobernó de 1901 a 1909. Encabezó a los *Rough Riders* durante la Guerra Hispano-Estadounidense en 1898.

rosa de los vientos / compass rose

Dibujo que indica los puntos cardinales en un mapa.

rotación / rotation

Vuelta completa de oeste a este que hace la Tierra sobre su eje. *ej.* Le lleva un día a la Tierra completar su rotación.

Rough Riders (Jinetes Rudos) / Rough Riders

Grupo de soldados estadounidenses voluntarios que lucharon en la Guerra Hispano-Estadounidense. Lo organizó Theodore Roosevelt.

rural / rural

Lo que es propio o relativo al campo.

ruta / route

Camino para llegar de un lugar a otro.

ruta comercial triangular / triangular trade route

Ruta comercial que formaba un triángulo entre las 13 colonias, las Antillas y África; también se utilizaba para el comercio de esclavos.

Ruta de la Seda / Silk Road

Red de caminos que comunicaba a China con otras tierras. Hizo posible el intercambio comercial y la difusión de ideas, destrezas y costumbres. Se abrió en el siglo II a.C. y quedó sin uso a finales del siglo XIII.

Theodore Roosevelt

"Desperdiciar, destruir nuestros recursos naturales y agotar la tierra en lugar de aprovecharla para incrementar su utilidad, menoscabará la prosperidad misma que debemos heredarles a nuestros hijos."

Rotación de la Tierra.

Sacagawea (1787?–1812)
Mujer shoshone que fue guía e intérprete durante la expedición de Lewis y Clark.

saga / saga
Conjunto de relatos orales largos que pasaban de una generación a otra.

Santa Anna, Antonio López de (1795–1876)
Presidente de México que encabezó las fuerzas mexicanas durante la Revolución de Texas de 1835 a 1836.

satélite / satellite
Objeto que da vueltas alrededor de la Tierra.

sección transversal / cross section
Rebanada o porción que se obtiene al hacer un corte recto a algún objeto.

seccionalismo / sectionalism
Excesiva lealtad que se siente por una sección o una parte del país.

secuencia / sequence
Orden en que una cosa viene después de otra.

secuestrar / hijack
Tomar a alguien por la fuerza y privarla de su libertad.

sede del condado / county seat
Pueblo o ciudad que es la sede del gobierno del condado.

segadora / reaper
Máquina para cortar granos.

segadora mecánica / mechanical reaper
Máquina inventada por Cyrus McCormick, que permitía cosechar trigo con mayor rapidez.

Segadora mecánica.

segregación / segregation
Separación de las personas de diferentes razas en los lugares y servicios públicos.

Segunda Guerra Mundial / World War II
Guerra entre los Aliados y el Eje que duró de 1939 a 1945, en la que participaron la mayoría de los países del mundo. Estados Unidos se unió a los Aliados en 1941, lo cual les ayudó a ganar la guerra.

Segundo Congreso Continental / Second Continental Congress
Congreso de representantes de las colonias que se unieron por primera vez en 1775, declararon la independencia en 1776 y ayudaron a dirigir a Estados Unidos durante la Guerra de Independencia.

selección / selection
Elección de algo que se considera mejor o más apropiado entre varias cosas que forman un grupo.

selva tropical / rain forest
Zona húmeda y cálida donde crecen en forma tupida árboles altos, plantas trepadoras y otro tipo de plantas.

separación de poderes / separation of powers
División de atribuciones entre los tres poderes del gobierno federal, de conformidad con la Constitución.

separarse / secede
Apartarse de un grupo, como cuando los estados del Sur se apartaron de Estados Unidos en 1861.

separatistas / Separatists
Grupo de ingleses que querían separarse de la Iglesia Anglicana. Algunos viajaron a América del Norte en busca de libertad de religión.

sequía / drought
Largo periodo sin lluvia.

servicios / services
Actividades que las personas realizan para el beneficio de otras.

servicios públicos / government services
Conjunto de trabajos que se hacen para el beneficio de una comunidad y que paga el gobierno.

siglo / century
Periodo de cien años.

sindicato / labor union
Grupo de trabajadores unidos para luchar por mejores condiciones de trabajo y salarios más justos.

Los bomberos prestan un servicio invaluable a la comunidad.

sistema pluvial / river system
Se le llama así al conjunto de un río y sus afluentes.

sitio notable / landmark
Edificio o lugar importante o interesante.

Smith, John (1580–1631)
Líder de la colonia de Jamestown.

sociedad / society
Grupo de personas que tienen muchas cosas en común y que forman una comunidad.

Sitios notables de Estados Unidos.

sociedad histórica / historical society
Grupo de personas que tienen un interés especial en la historia de su comunidad.

sodbusters / **sodbusters**

Agricultores de las Grandes Llanuras de finales del siglo XIX, que tenían que excavar en medio del "tepe", o pasto grueso, antes de cultivar.

Soldados Búfalo / Buffalo Soldiers

Sobrenombre que se les dio a los soldados afroamericanos que lucharon en las guerras contra los indígenas norteamericanos de las llanuras en la década de 1870.

sombra de barrera / rain shadow

Se llama así al lado seco de una montaña, que recibe poca precipitación o nada de ella.

Stalin, José (1879–1953)

Dictador de la Unión Soviética de 1923 a 1953.

Strauss, Levi (1829–1902)

Inmigrante radicado en San Francisco que fabricó los primeros pantalones de mezclilla durante la Fiebre del Oro en California.

José Stalin

suburbio / suburb

Pueblo o pequeña ciudad que existe cerca de una ciudad grande.

El dinero se usa como pago de un trabajo.

sueldo / wages

Pago que se da por hacer un trabajo.

sufragio / suffrage

Forma de elegir a una persona mediante el voto.

tabla / lumber
Madera que se usa en la construcción de viviendas.

tala / logging
Proceso de cortar árboles y transportarlos para aprovechar la madera.

Tala de árboles.

tecnología / technology
Forma en la que las personas usan nuevas ideas para hacer herramientas y maquinaria.

Tecumseh (1768?–1813)
Líder shawnee que unió a los indígenas norteamericanos en el territorio del Noroeste contra los asentamientos pioneros.

telégrafo / telegraph
Máquina que permite enviar mensajes por cables, utilizando electricidad.

templanza / temperance
Moderación, por lo general en el consumo del alcohol.

temporada de cultivo / growing season
Época en la que el tiempo es lo suficientemente cálido para el crecimiento de las plantas.

Telégrafo

teoría / theory
Es una explicación probable de algo que ocurre.

terraza / terrace
Especie de gran escalón excavado en la ladera de una montaña para practicar la agricultura.

terremoto / earthquake
Sacudida repentina del suelo provocada por el movimiento y choque de bloques de roca en el interior de la Tierra.

terreno público / public land
Tierra que es del gobierno.

territorio / territory
Lugar propiedad del gobierno y regido por él.

territorio continental / mainland
Área del continente o parte de un continente que está más cercano a una isla.

terrorista / terrorist
Persona que trata de lograr sus objetivos por medio de la violencia y el miedo.

textiles / textile
Materiales de fibras naturales o sintéticas que se usan para hacer productos de tela, como ropa, toallas y camisas.

tiempo / weather
Clima que hace en un lugar a cierta hora.

Tierra / Earth
Planeta del sistema solar en el que vivimos.

tierra comunal / town common
Espacio abierto en el centro de muchas poblaciones donde pastan vacas y borregos.

tipi / tepee
Vivienda construida por los indígenas norteamericanos de las Grandes Llanuras, hecha con postes colocados en círculo, cubiertos con pieles de búfalo.

Terrorista

Fuente: NASA

Foto de la Tierra tomada desde el espacio.

titular / headline
Grupo de palabras impresas en letra grande que se encuentran al inicio de un artículo. En ocasiones proporcionan la idea principal del artículo.

tormenta de granizo / hailstorm
Tormenta que deja caer granizo o trozos de hielo.

tornado / tornado
Corriente de aire que gira en forma de embudo; en ocasiones se le llama ciclón.

Tornado

tótem / totem pole
Poste de madera tallada, con figuras de animales u otras imágenes, hechos con frecuencia por los indígenas norteamericanos de la costa del Noroeste para honrar a sus ancestros o conmemorar sucesos especiales.

trabajador por contrato / indentured servant
Persona que trabajaba para otra durante un tiempo determinado, a cambio de que le pagaran el viaje por mar a América del Norte. Se conocía también como siervo por contrato.

trabajadores migrantes / migrant worker
Personas que van de granja a granja para trabajar en las cosechas según las estaciones.

Tótem

tradición / tradition
Idea o costumbre que viene del pasado.

traidor / traitor
Persona que actúa en contra de su propio país.

transbordador / ferry
Barco que lleva personas y mercancías a través del mar.

transcontinental / transcontinental
Algo que va del extremo de un continente al otro.

transmitir / broadcast
Enviar palabras, a veces junto con imágenes, desde estaciones de radio y televisión.

transporte / transportation
Forma en la que las personas y las mercancías se trasladan de un lugar a otro.

El avión es una forma de transporte.

Tratado de Guadalupe Hidalgo / Treaty of Guadalupe Hidalgo
Tratado firmado en 1848, con el cual se terminó la Guerra con México. México cedió la mayor parte de su territorio del norte a Estados Unidos a cambio de 15 millones de dólares.

Tratado de París / Treaty of Paris
Tratado firmado en 1783, que dio por terminada oficialmente la Guerra de Independencia. Gran Bretaña reconoció a Estados Unidos como un país independiente.

Tratado de Versalles / Treaty of Versailles
Tratado firmado en 1919, con el cual se dio por terminada oficialmente la Primera Guerra Mundial.

Tren Clandestino / Underground Railroad
Se le llamaba así al conjunto de rutas secretas para ayudar a los esclavos a escapar del sur hacia el norte o a Canadá a mediados del siglo XIX.

tribu / tribe
Grupo de familias unidas bajo un solo liderazgo.

tributo / tribute
Pago que exigen los gobernantes al pueblo que gobiernan.

tripartito / tripartite
El pacto, convenio o alianza que se realiza entre tres potencias o naciones. Por lo general se le da el nombre de acuerdo tripartito.

tropa / troop
Conjunto de soldados, especialmente de los ejércitos de tierra y aire. Pertenecen a la tropa los militares sin grado (soldados rasos) o con grado de primera, cabo o cabo primero.

trópicos / tropics
Franjas de clima cálido que están en la Tierra arriba y abajo del ecuador.

trueque / barter
Intercambiar un bien por otro con otra persona sin usar dinero.

Truman, Harry S. (1884–1972)
Presidente número 33 de Estados Unidos, que gobernó de 1945 a 1953.

Harry S. Truman

tundra / tundra
Tierra llana sin árboles que se mantiene congelada casi todo el año.

turba / sod
Capa del suelo que se mantiene por las raíces de las hierbas.

turismo / tourism
Venta de bienes y servicios a los turistas.

ubicación / location
Sitio donde se encuentra algo.

ubicación absoluta / absolute location
Posición exacta de algo en la superficie de la Tierra.

ubicación relativa / relative location
Posición de un lugar en relación con otros lugares de la Tierra.

Unión / Union
Unión Americana. Nombre con que también se conoce a Estados Unidos de América.

urbanización / urbanization
Propagación o desarrollo de una ciudad.

uso de suelo / land use
Uso principal que se le da a un terreno o una zona.

V v

vacuna / vaccine
Forma débil o inactiva de una enfermedad que se da a las personas.

vado / ford
Parte poco profunda de una vía fluvial, que se puede cruzar caminando, montando o manejando.

valentía / courage
Forma de ser en la que se hace lo correcto incluso si es peligroso o asusta.

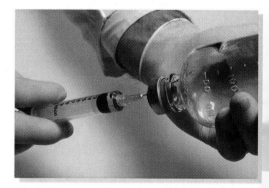

Vacuna

valle / valley
Terreno bajo que se encuentra entre colinas y montañas.

vaquero / vaquero
Palabra en español para nombrar al "cowboy" de Estados Unidos.
Persona que se dedica al arreo de ganado vacuno.

vecindario / neighborhood
Conjunto de vecinos de una zona habitacional o de un edificio.

vegetación natural / natural vegetation
Conjunto de plantas y árboles que crece de manera espontánea
en un área.

ventisca / blizzard
Tormenta de nieve arrastrada por vientos fuertes y helados.

Vespucio, Américo (1454–1512)
Navegante italiano que recorrió la costa este
de América del Sur en 1501. Comprobó que
estas tierras no pertenecían a Asia sino que
formaban un continente distinto. A él se le
consideró como el descubridor del nuevo
continente al que nombraron América en
honor a su nombre de pila.

Américo Vespucio

veto / veto
Facultad del presidente para rechazar una ley
aprobada por el Congreso.

vía acuática / waterway
Masa de agua en la que pueden navegar
barcos.

vicepresidente / Vice-President
Es la persona que preside, o dirige, al Senado. Forma parte del poder
ejecutivo de Estados Unidos. También es la persona que puede sustituir
al presidente en algunos casos.

viñedo / vineyard
Lugar donde se planta la vid que más tarde dará como fruto la uva. Los viñedos se encuentran por lo general en áreas empinadas, donde el clima es favorable para la larga estación de crecimiento de las uvas que es de alrededor de 205 días.

virrey / viceroy
Nombre que se le daba a las primeras personas españolas que gobernaron México cuando llegaron a América. El virrey gobernaba un territorio en nombre y con la autoridad del rey.

Viñedo

vivienda / shelter
Lugar abrigado o protegido donde se puede vivir.

vivienda cavada / lodge
Cabaña grande y redonda construida por los indígenas de las Grandes Llanuras.

vivienda comunal / longhouse
Construcción donde vivían los iroqueses. Podían vivir hasta 12 familias en ellas.

volcán / volcano
Abertura en la superficie de la Tierra por donde se expulsan gases calientes, cenizas y lava.

voluntario / volunteer
Persona que se ofrece a hacer algo sin ningún pago.

voto / vote
Decisión de los ciudadanos que manifiestan en las boletas electorales, con la que eligen a sus líderes.

Walker, Madam C. J. (1867–1919)

Empresaria que se convirtió en la primera afroamericana millonaria.

Washington, George (1732–1799)

Primer presidente de Estados Unidos, que gobernó de 1789 a 1797. Comandante en jefe del Ejército Continental durante la Guerra de Independencia y presidente de la Convención Constitucional.

Wheatley, Phillis (1753–1784)

Poeta que fue la primera mujer afroamericana en publicar un libro.

Wilson, Woodrow (1856–1924)

Presidente número 28 de Estados Unidos, que gobernó de 1913 a 1921.

World Trade Center / World Trade Center

Centro mundial de comercio en la ciudad de Nueva York, compuesto por dos torres gemelas que el 11 de septiembre de 2001 fueron atacadas y destruidas por terroristas cuando hicieron estallar dos aviones secuestrados en las torres.

Woodrow Wilson

"Es terrible llevar a este gran pueblo pacífico a la guerra, y a la más terrible y desastrosa de todas las guerras… pero lo correcto es más valioso que la paz."

Wright, Orville (1871–1948)

Inventor que en 1903, junto con su hermano Wilbur, construyó el primer aeroplano capaz de volar.

Wright, Wilbur (1867–1912)

Inventor que, junto con su hermano Orville, construyó el primer aeroplano capaz de volar en 1903.

Primer aeroplano.

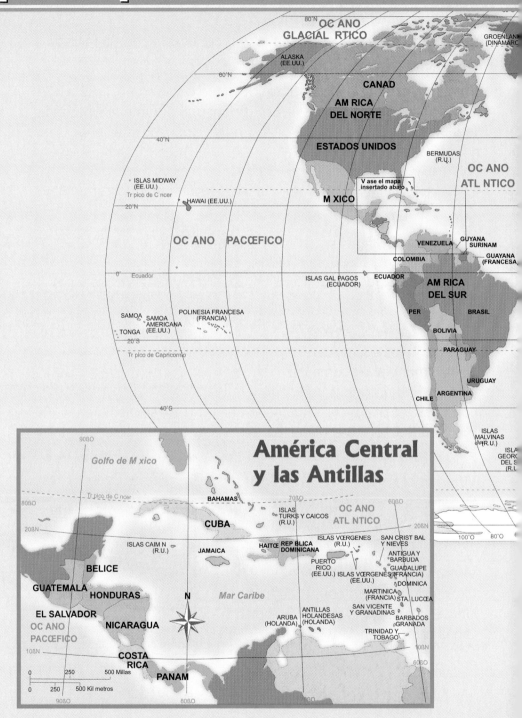

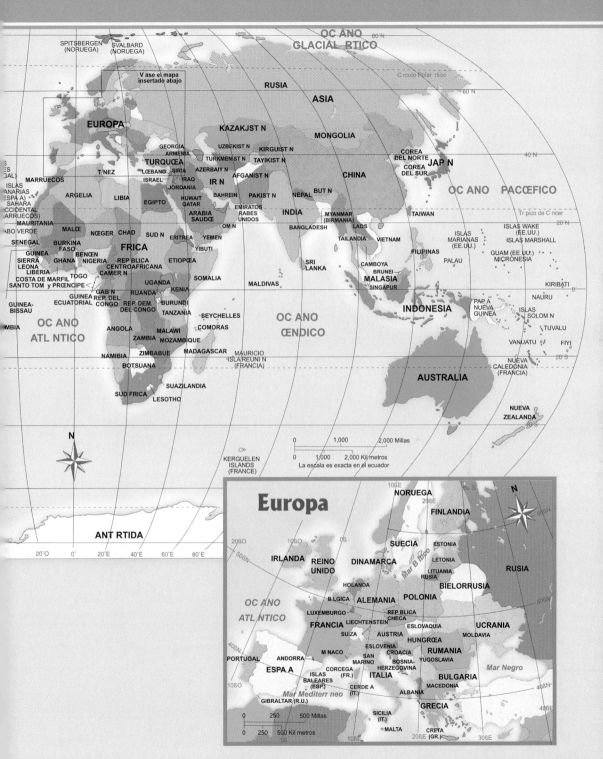

101

Mapa político de América

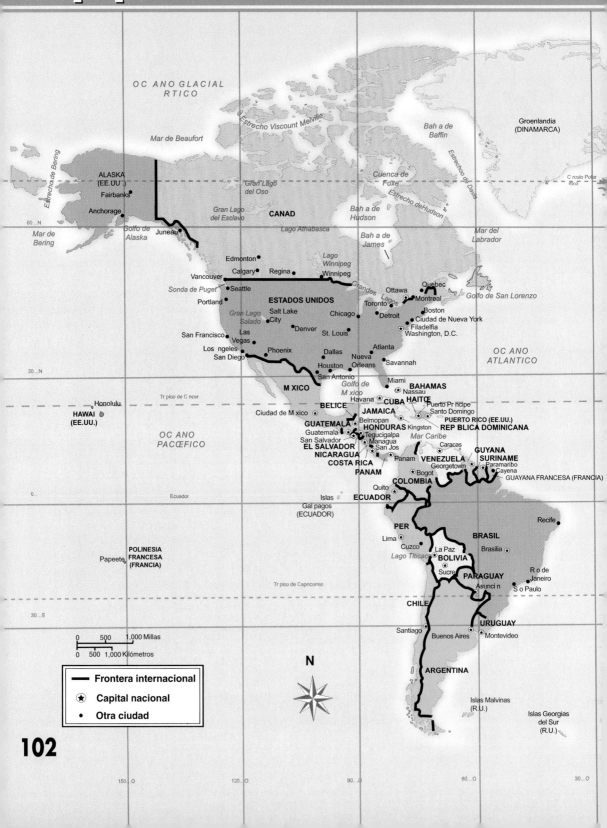

OCÉANO GLACIAL ÁRTICO

Mar de Beaufort

Estrecho Viscount Melville

Bahía de Baffin

Groenlandia (DINAMARCA)

Estrecho de Davis

Estrecho de Bering

ALASKA (EE.UU.)
Fairbanks
Anchorage

Gran Lago del Oso

Cuenca de Foxe

Círculo Polar Ártico

Golfo de Alaska
Juneau

Gran Lago del Esclavo

CANADÁ

Bahía de Hudson

Estrecho de Hudson

Mar del Labrador

Mar de Bering

60°N

Lago Athabasca

Bahía de James

Lago Winnipeg

Edmonton
Calgary   Regina
Vancouver   Winnipeg
Sonda de Puget   Seattle
Portland

Grandes Lagos

Ottawa
Toronto   Montreal
Quebec
Boston
Golfo de San Lorenzo

ESTADOS UNIDOS
Gran Lago Salado
Salt Lake City
San Francisco   Las Vegas
Denver
Chicago   Detroit
Ciudad de Nueva York
Filadelfia
Washington, D.C.

Los Ángeles
San Diego
Phoenix
St. Louis
Dallas
Atlanta

OCÉANO ATLÁNTICO

Houston
Nueva Orleans
Savannah

30°N

Honolulu
HAWAI (EE.UU.)

Trópico de Cáncer

San Antonio
Golfo de México
Miami
BAHAMAS
Nassau

MÉXICO

Havana   CUBA   HAITÍ
Puerto Príncipe
Santo Domingo
BELICE
JAMAICA
PUERTO RICO (EE.UU.)
REPÚBLICA DOMINICANA

Ciudad de México

OCÉANO PACÍFICO

GUATEMALA
Guatemala   Belmopan
San Salvador   Tegucigalpa
EL SALVADOR
NICARAGUA
COSTA RICA
PANAMÁ

HONDURAS
Kingston
Managua
San José
Mar Caribe
Panamá
Caracas
Georgetown

GUYANA
SURINAME
Paramaribo
Cayena
GUAYANA FRANCESA (FRANCIA)

VENEZUELA

COLOMBIA
Bogotá
Quito
ECUADOR

0°   Ecuador

Islas Galápagos (ECUADOR)

PERÚ
Lima
Cuzco
Lago Titicaca
La Paz
BOLIVIA
Sucre

BRASIL
Brasilia

Recife

Río de Janeiro
São Paulo

POLINESIA FRANCESA (FRANCIA)
Papeete

Trópico de Capricornio

PARAGUAY
Asunción

CHILE

30°S

Santiago
Buenos Aires
URUGUAY
Montevideo

N

ARGENTINA

Islas Malvinas (R.U.)

Islas Georgias del Sur (R.U.)

Leyenda

— Frontera internacional
★ Capital nacional
• Otra ciudad

0   500   1,000 Millas
0   500   1,000 Kilómetros

102

150°O   120°O   90°O   60°O   30°O

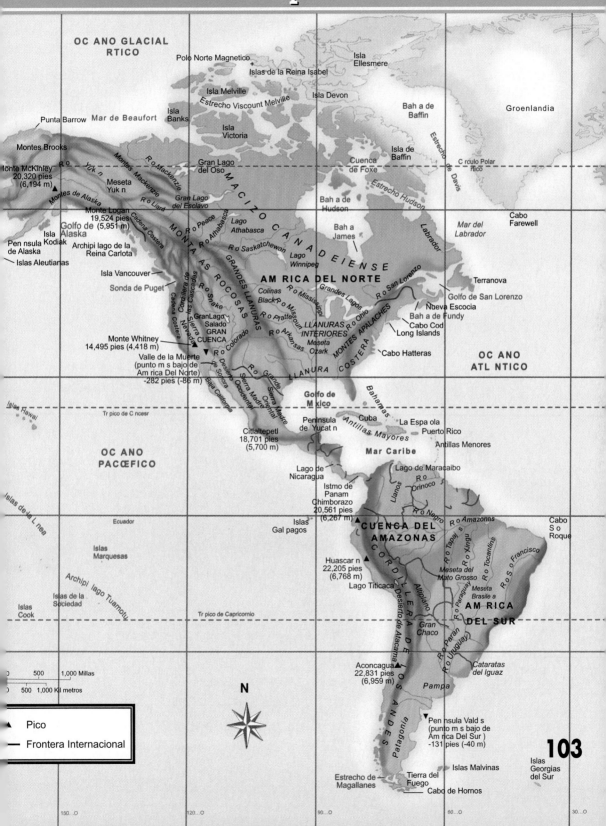

Mapa físico de América

OCÉANO GLACIAL ÁRTICO

Polo Norte Magnético

Islas de la Reina Isabel

Isla Ellesmere

Isla Melville

Estrecho Viscount Melville

Isla Devon

Bahía de Baffin

Groenlandia

Punta Barrow

Mar de Beaufort

Isla Banks

Isla Victoria

Estrecho de Davis

Montes Brooks

Río Yukón

Río Mackenzie

Gran Lago del Oso

Cuenca de Foxe

Isla de Baffin

Círculo Polar Ártico

Cabo Farewell

Monte McKinley 20,320 pies (6,194 m)

Montes Mackenzie

Río Liard

Montes de Alaska

Meseta Yukón

Gran Lago del Esclavo

Estrecho Hudson

Bahía de Hudson

Mar del Labrador

Golfo de Alaska

Monte Logan 19,524 pies (5,951 m)

Cadena Costera

Río Peace

Río Athabasca

Lago Athabasca

Bahía James

Isla Kodiak

Península de Alaska

Archipiélago de la Reina Carlota

MACIZO CANADIENSE

Río Saskatchewan

Lago Winnipeg

Labrador

Terranova

Islas Aleutianas

Isla Vancouver

Sonda de Puget

MONTAÑAS ROCOSAS

GRANDES LLANURAS

AMÉRICA DEL NORTE

Grandes Lagos

Río San Lorenzo

Golfo de San Lorenzo

Nueva Escocia

Cordillera de las Cascadas

Río Snake

Colinas Black

Río Mississippi

Río Missouri

Bahía de Fundy

Cabo Cod

Long Islands

Monte Whitney 14,495 pies (4,418 m)

Sierra Nevada

GranLago Salado

GRAN CUENCA

Río Platte

Río Colorado

Río Arkansas

LLANURAS INTERIORES

Meseta Ozark

Río Ohio

MONTES APALACHES

LLANURA COSTERA

Cabo Hatteras

OCÉANO ATLÁNTICO

Valle de la Muerte (punto más bajo de América Del Norte) -282 pies (-86 m)

Río Grande

Sierra Madre Occidental

Baja California

Trópico de Cáncer

Golfo de México

Bahamas

Cuba

Antillas Mayores

La Española

Puerto Rico

Mar Caribe

Antillas Menores

OCÉANO PACÍFICO

Citlaltepetl 18,701 pies (5,700 m)

Península de Yucatán

Islas Hawai

Lago de Nicaragua

Istmo de Panamá

Lago de Maracaibo

Río Orinoco

Chimborazo 20,561 pies (6,267 m)

Ecuador

Islas Galápagos

Llanos

Río Negro

Río Amazonas

Cabo São Roque

Islas de la Línea

Islas Marquesas

CUENCA DEL AMAZONAS

Río Tapajós

Río Xingú

Río Tocantins

Río São Francisco

Huascarán 22,205 pies (6,768 m)

Meseta del Mato Grosso

Archipiélago Tuamotu

Islas de la Sociedad

Lago Titicaca

CORDILLERA DE LOS ANDES

Altiplano

Río Paraguay

Meseta Brasileña

Islas Cook

Trópico de Capricornio

Desierto de Atacama

AMÉRICA DEL SUR

Gran Chaco

Río Paraná

Río Uruguay

Cataratas del Iguazú

Aconcagua 22,831 pies (6,959 m)

Pampa

500   1,000 Millas

500   1,000 Kilómetros

N

▲ Pico

— Frontera Internacional

Patagonia

▼ Península Valdés (punto más bajo de América Del Sur) -131 pies (-40 m)

103

Islas Georgias del Sur

Estrecho de Magallanes

Tierra del Fuego

Islas Malvinas

Cabo de Hornos

Mapa político de América del Norte

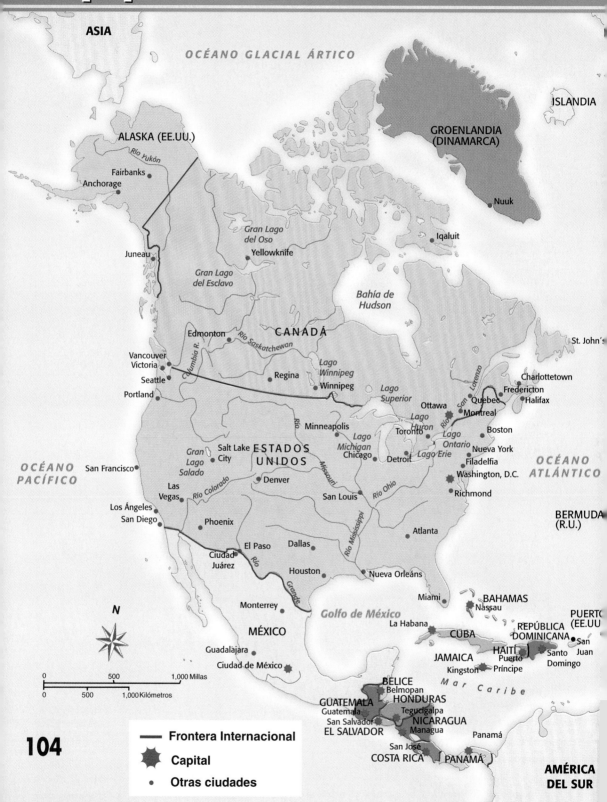

ASIA

OCÉANO GLACIAL ÁRTICO

ISLANDIA

ALASKA (EE.UU.)

GROENLANDIA
(DINAMARCA)

Río Yukón

Fairbanks
Anchorage

Nuuk

Gran Lago
del Oso

Iqaluit

Juneau

Yellowknife

Gran Lago
del Esclavo

Bahía de
Hudson

St. John´s

Edmonton

Río Saskatchewan

CANADÁ

Vancouver
Victoria

Columbia R.

Charlottetown

Seattle

Regina

Lago
Winnipeg

Fredericton

Portland

Winnipeg

Lago
Superior

Quebec

Río San Lorenzo

Halifax

Ottawa

Montreal

Minneapolis

Río

Lago
Huron

Boston

Toronto

Lago
Ontario

Salt Lake
City

ESTADOS
UNIDOS

Lago
Michigan

Chicago

Detroit

Lago Erie

Nueva York

Filadelfia

Gran
Lago
Salado

Missouri

Washington, D.C.

San Francisco

OCÉANO
PACÍFICO

Denver

Río Colorado

Richmond

OCÉANO
ATLÁNTICO

Las
Vegas

San Louis

Río Ohio

Los Ángeles
San Diego

Phoenix

Río Mississippi

Atlanta

BERMUDA
(R.U.)

El Paso

Dallas

Ciudad
Juárez

Río

Houston

Nueva Orleáns

Grande

Miami

BAHAMAS
Nassau

Monterrey

Golfo de México

PUERTO
(EE.UU

N

MÉXICO

La Habana

CUBA

REPÚBLICA
DOMINICANA

Guadalàjara

San
Juan

Ciudad de México

HAITÍ
Puerto

Santo
Domingo

JAMAICA

0   500   1,000 Millas

Kingston

Príncipe

Mar   Caribe

0   500   1,000 Kilómetros

BELICE
Belmopan

104

GUATEMALA
Guatemala
San Salvador
EL SALVADOR

HONDURAS
Tegucigalpa

NICARAGUA
Managua

Panamá

San José
COSTA RICA

PANAMÁ

AMÉRICA
DEL SUR

——— Frontera Internacional

Capital

• Otras ciudades

Mapa físico de América del Norte

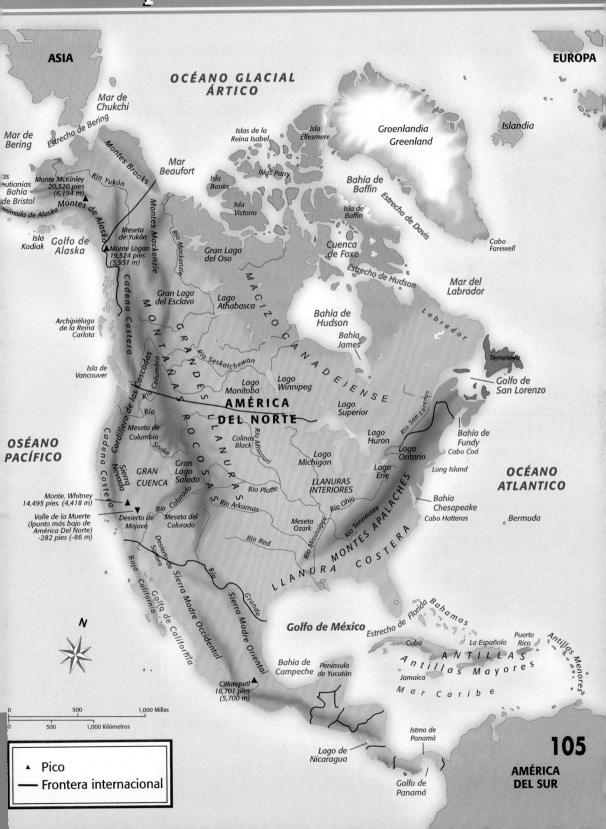

ASIA

EUROPA

OCÉANO GLACIAL ÁRTICO

Mar de Chukchi

Mar de Bering

Estrecho de Bering

Islas de la Reina Isabel

Isla Ellesmere

Groenlandia Greenland

Islandia

Montes Brooks

Mar Beaufort

Islas Parry

Bahía de Baffin

Estrecho de Davis

Isla Banks

tianas
Bahía de Bristol
nínsula de Alaska

Monte McKinley 20,320 pies (6,194 m)

Río Yukón

Montes de Alaska

Isla Victoria

Isla de Baffin

Cabo Farewell

Meseta de Yukón

Monte Logan 19,524 pies (5,951 m)

Río Mackenzie

Gran Lago del Oso

Cuenca de Foxe

Estrecho de Hudson

Mar del Labrador

Isla Kodiak

Golfo de Alaska

Gran Lago del Esclavo

Lago Athabasca

Bahía de Hudson

Labrador

Archipiélago de la Reina Carlota

Río Seskatchewan

Bahía James

Terranova

Isla de Vancouver

Lago Manitoba

Lago Winnipeg

Golfo de San Lorenzo

AMÉRICA DEL NORTE

Lago Superior

Río San Lorenzo

OSÉANO PACÍFICO

Meseta de Columbia

Snake

Colinas Black

Río Missouri

Lago Huron

Lago Ontario

Bahía de Fundy
Cabo Cod

Long Island

OCÉANO ATLANTICO

GRAN CUENCA

Gran Lago Salado

Lago Michigan

Lago Erie

Sierra Nevada

LLANURAS INTERIORES

Bahía Chesapeake

Monte. Whitney 14,495 pies. (4,418 m)

Río Platte

Río Ohio

Cabo Hatteras

Bermuda

Valle de la Muerte (lpunto más bajo de América Del Norte) -282 pies (-86 m)

Desierto de Mojave

Río Colorado

Meseta del Colorado

Río Arkansas

Meseta Ozark

Río Mississippi

Río Tennessee

Desierto de Sonora

Río Red

MONTES APALACHES

LLANURA COSTERA

Baja California

Golfo de California

Sierra Madre Occidental

Sierra Madre Oriental

Río Grande

Golfo de México

Estrecho de Florida

Bahamas

Cuba

La Española

Puerto Rico

Antillas Menores

Bahía de Campeche

Península de Yucatán

ANTILLAS
Antillas Mayores

Jamaica

Mar Caribe

Citlatepetl 18,701 pies (5,700 m)

Istmo de Panamá

Lago de Nicaragua

Golfo de Panamá

N

0   500   1,000 Millas
0   500   1,000 Kilómetros

105

AMÉRICA DEL SUR

▲ Pico
— Frontera internacional

Mapa de Estados Unidos de América

RUSIA

Círculo Polar Ár

160°E

OCÉANO PACÍFICO

| 0 | 250 | 500 | Millas |
| 0 | 250 500 | | Kilómetros |

AK

—— Frontera Internacional

■ Capital nacional

— Límite del estado

HI

Trópic

Estado	Abreviatura	Estado	Abreviatura
Alabama	AL	Massachusetts	MA
Alaska	AK	Michigan	MI
Arizona	AZ	Minnesota	MN
Arkansas	AR	Mississippi	MS
California	CA	Missouri	MO
Carolina del Norte . .	NC	Montana	MT
Carolina del Sur	SC	Nebraska	NE
Colorado	CO	Nevada	NV
Connecticut	CT	New Hampshire . . .	NH
Dakota del Norte . . .	ND	Nueva Jersey	NJ
Dakota del Sur	SD	Nueva York	NY
Delaware	DE	Nuevo México	NM
Distrito de Columbia	DC	Ohio	OH
Florida	FL	Oklahoma	OK
Georgia	GA	Oregón	OR
Hawai	HI	Pennsylvania	PA
Idaho	ID	Rhode Island	RI
Illinois	IL	Tennessee	TN
Indiana	IN	Texas	TX
Iowa	IA	Utah	UT
Kansas	KS	Vermont	VT
Kentucky	KY	Virginia	VA
Luisiana.	LA	Virginia Occidental .	WV
Maine	ME	Washington	WA
Maryland	MD	Wisconsin	WI
		Wyoming	WY

106

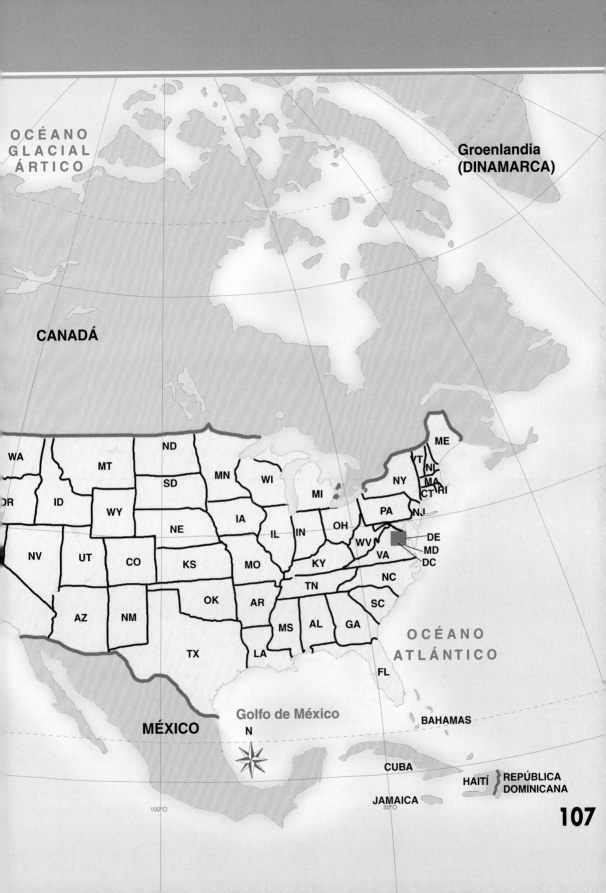

OCÉANO
GLACIAL
ÁRTICO

Groenlandia
(DINAMARCA)

CANADÁ

WA
MT
ND
ME
OR
ID
SD
MN
WI
VT
NH
MA
NY
CT RI
WY
NE
IA
MI
OH
PA
NJ
NV
UT
CO
KS
IL
IN
WV
DE
MD
DC
AZ
NM
MO
KY
VA
OK
AR
TN
NC
TX
MS
AL
GA
SC
LA
FL

OCÉANO
ATLÁNTICO

MÉXICO

Golfo de México
N

BAHAMAS

CUBA

HAITÍ REPÚBLICA
DOMINICANA

JAMAICA

100°O

80°O

Índice

Índice inglés / español

El siguiente índice es una referencia rápida para padres y maestros que están más familiarizados con el idioma inglés y que, por tanto, requieren la traducción al español para referirse a la página donde se encuentra la palabra que quieren investigar.

B

C

E

F

R

S

T